Arman Sahihi
Altpersische Numerologie

Von ARMAN SAHIHI
sind im Ariston Verlag bereits erschienen:

Altpersische Traumsymbole
333 Zeichen und ihre Deutungen

Das neue Lexikon der Astrologie
1400 Begriffe der Kosmologie, Astronomie,
Astrophysik und Astrologie

Arman Sahihi

Altpersische Numerologie

Das Zahlenorakel
der Parsen

Ariston Verlag · Genf/München

Die Deutsche Bibliothek – CIP-Einheitsaufnahme

SAHIHI, ARMAN:
Altpersische Numerologie:
Das Zahlenorakel der Parsen / Arman Sahihi. –
Erstaufl. – Genf; München: Ariston Verlag, 1992
ISBN 3-7205-1717-9

Gisela Gerlach gewidmet

© Copyright 1992 by Ariston Verlag, Genf

Alle Rechte, insbesondere des – auch auszugsweisen – Nachdrucks, der phono- und photomechanischen Reproduktion, Photokopie, Mikroverfilmung sowie der Übersetzung und jeglicher anderen Aufzeichnung und Wiedergabe durch bestehende und künftige Medien, vorbehalten.

Gestaltung des Schutzumschlages:
Atelier Höpfner-Thoma, Graphic Design, BDG, München
Satz: RSM, Reutte / Tirol
Gesamtherstellung: Wiener Verlag, Himberg bei Wien

Erstauflage: August 1992
Printed in Austria 1992

ISBN 3-7205-1717-9

Inhalt

Einführung:
  Die altpersische Numerologie 9
  Zahlen: Ordnung im Chaos 10
  Das Linsensehen 14

Die Grundzahlen:
  Eins bis Zehn 19

Die zweistelligen Zahlen:
  Elf bis Neunundneunzig 51

Anhang:
  Das Linsenorakel 177
  Literaturverzeichnis 180

Einführung

Die altpersische Numerologie

Für die Parsen, die alten Perser, waren Zahlen mehr als nur Mittel zum Abzählen von Mengen und zum Berechnen von Preisen, mehr als nur ein Teil des Geschäfts- und Finanzwesens. Sie verfügten wie viele andere alte Völker über ein umfassendes Wissen von der verborgenen Bedeutung der Zahlen. Die Numerologie ist vor allem ein Weg, mit Hilfe von Zahlen Charakter und Anlagen eines Menschen aufzudecken. Zugleich hielt die altpersische Numerologie Verfahren bereit, in die Zukunft zu schauen. Neben der Zukunftsdeutung durch die Interpretation von Träumen war es zu wichtigen Anlässen üblich, auch das Zahlenorakel zu befragen.

Das Zahlenorakel erfreute sich vor allem bei der einfachen Bevölkerung großer Beliebtheit. Wie es professionelle Geschichtenerzähler und Traumdeuter gab, so waren auf den Märkten stets auch »Linsenschauer« zu finden, die den Ratsuchenden in einen Topf mit Linsen greifen ließen und, je nach Anzahl der Linsen in der Hand, das Orakel verkündeten. Diese Art der Weissagung ist kaum schriftlich dokumentiert; gelegentlich finden sich in Erzählungen Hinweise darauf. Ihre Prinzipien sind jedoch so einfach, daß sie auch noch heute für unser westliches Leben Geltung haben und uns mit ihrer Weisheit unterstützen können. Es sei deshalb hier der Versuch unternommen, sie – zu anderer Zeit, an anderem Ort, doch im gleichen Zahlennetz – zu neuem Leben zu erwecken.

Zahlen: Ordnung im Chaos

Immer schon haben Zahlen dem Menschen als Wegweiser gedient, denn Zahlen ermöglichen es, sich im Chaos zu orientieren.

Abgeleitet wurden Zahlen zunächst aus der Beobachtung der Natur. Immer wiederkehrende Ereignisse wurden mit Hilfe von Zahlen in berechenbare Zyklen gebracht. Somit sind Zahlen ordnende Elemente. Auf andere Weise als die Sprache, aber nicht minder folgenreich und erfolgreich, prägten das Erkennen von Beziehungen zwischen Dingen und Zahlen und bald auch die Entdeckung der Beziehungen der Zahlen untereinander die menschliche Wahrnehmung.

Selbst dem heutigen Großstadtmenschen, der weitgehend sich selbst und der Natur entfremdet lebt, ist der Gleichklang von Mondphasen und weiblichem Menstruationszyklus, um nur ein Beispiel zu nennen, einsichtig. Unsere Vorfahren, die ihren Lebensrhythmus dem Lauf der Jahreszeiten, der Witterung und dem Sonnenstand anpaßten, besaßen ein direktes Wissen über den Einfluß von Zahlen auf das alltägliche Leben. Ein Rest davon hat sich bis heute erhalten: Das Feiern »runder« Geburtstage sei als Beispiel genannt. Auch der Glaube vieler Menschen an die Macht ihrer ganz persönlichen Glückszahl ist ein Rudiment jener ursprünglichen Zahlenmagie.

Vieles davon ist verschüttet und kommt erst langsam wieder ans Licht. Die industrielle Gesellschaft, die nur an das glaubt, was sie sehen oder, noch besser, anfassen kann, hat den Zugang zu den Quellen mündlicher Überlieferung verloren. In anderen Kulturen, die über

Zahlen: Ordnung im Chaos 11

eine ausgeprägtere mündliche Tradition verfügen, lebt das alte Wissen in Erzählungen und Volksweisheiten fort. Die Erkenntnis, daß diese nicht weniger »wert« sind als schriftlich Fixiertes, setzt sich erst in jüngster Zeit langsam wieder durch.

Ähnlich wie die altpersische Traumsymbolik, die vorwiegend mündlich überliefert wurde und die ihren Niederschlag in sprachlichen Bildern und Redewendungen gefunden hat, ist die altpersische Numerologie nirgendwo im Zusammenhang schriftlich festgehalten worden. Sie bildet kein System wie beispielsweise die jüdische Kabbala. Sie stellt vielmehr ein Gerüst dar, an dem sich die eigene Deutung emporranken kann. Das Zahlenorakel liefert keine »exakten« Vorhersagen, denn es will nicht mehr sein als eine Anregung, über alte Fragen neu nachzudenken.

Wenn wir uns viele Dutzend Male die gleiche Frage stellen, deutet das darauf hin, daß keine der bisherigen Antworten erschöpfend war. Es ist auch schwer, Gewißheit zu finden, wenn es sich um Fragen nach dem Woher und Wohin des eigenen Lebens handelt! Immer neue Antworten eines Orakels stellen hingegen immer neue Aspekte und Lösungsmöglichkeiten des scheinbar unzugänglichen Problems vor. In diesem Sinn kann das Befragen der Zahlen auch für den modernen Menschen sehr hilfreich sein. Das »Linsensehen« macht uns darauf aufmerksam, daß wir unser Schicksal weit mehr in der Hand haben, als uns allgemein bewußt ist.

Die Beschäftigung mit der altpersischen Numerologie kann uns also helfen, unser Leben aktiver zu gestalten. Ein Mensch, der bereit ist, sich bis zu einem gewissen Grad von einem Orakel leiten zu lassen, überläßt sich keineswegs passiv und hilflos seinem »Schicksal«.

Sich beim Suchen nach Auswegen aus vermeintlich verfahrenen Situationen nicht auf die herkömmlichen Mittel und Wege zu verlassen, sondern Neuland zu betreten, schafft den kreativen Freiraum für wirklich neue Lösungsstrategien. Sinn der Sache ist es, sich mit den natürlichen Kräften zu verbünden, sich wieder ins Gleichgewicht zu bringen und dann die innere Harmonie zu bewahren.

Was die altpersische Numerologie nicht leisten kann und will, sei an dieser Stelle deutlich gesagt: Es geht keinesfalls darum, Fragen zu beantworten wie »Ist X der richtige Mann für mich?« – »Werde ich nächste Woche im Lotto gewinnen?« – »Kann ich meinen Rivalen ausstechen?« Schon die Formulierung der Fragen zeigt die falsche Orientierung, entlarvt ein von Konsum geprägtes Denken, das kurzsichtig auf einen Erfolg um jeden Preis ausgerichtet ist.

Wieviel sinnvoller sind statt dessen Fragen dieser Art: »Wie stelle ich mir mein Leben mit diesem Mann vor?« – »Was würde ich in meinem Leben ändern, wenn Geld keine Rolle mehr spielte?« oder »Warum gerät mir alles zum Konkurrenzkampf?« Über solche Fragen, die letztlich auf Selbsterkenntnis zielen, läßt sich mit Hilfe der Antworten, die die altpersische Numerologie uns schenkt, gewinnbringend neu nachdenken.

Der richtige Umgang mit den Schätzen altpersischer Numerologie wird dazu führen, daß sich Gedankenknoten auflösen. Das Durcheinander der Gefühle wird sich lichten. Neue Wege werden auftauchen, wo man sie nicht vermutet hätte. Die alte Weisheit der Parsen gibt dem westlichen Menschen Schlüssel zur Lösung seiner Probleme in die Hand. Auch auf diese Weise wirken die Zahlen als Ordnungsfaktor im Chaos.

Aber es liegt noch ein viel tieferer Sinn in der Beschäftigung mit Zahlen. Wie die Menschen vieler anderer alter Kulturen, so glaubten auch die Parsen an die Kraft der Zahlenschwingungen. Die Deutung der einzelnen Zahlen leitet sich aus dem Versuch ab, diese Schwingungen zu verstehen und das gewonnene intuitive Wissen in verständliche und mitteilbare Bilder zu fassen. Wir holen also aus den Zahlen nicht lediglich das heraus, was wir in sie hineindenken. Mit dem nötigen Ernst und der angemessenen inneren Einstellung stimmen wir uns bei einer wirklich auf den Kern der Probleme konzentrierten Befragung des Zahlenorakels auf die Schwingung der Zahlen ein. Im Idealfall entsteht so wahre Harmonie – ein Gleichklang des fragenden Ich mit der Ordnung der Welt, wie sie in den Zahlen verkörpert ist.

Das Linsensehen

Eine weitverbreitete Art und Weise, das Orakel zu befragen, bestand darin, in einen Sack oder Topf voller Berglinsen zu greifen, eine Anzahl von Linsen in der Hand zu wägen, die eine oder andere Linse wieder durch die Finger gleiten zu lassen – so lange, bis es sich »richtig« anfühlte. Die Linsen, die man schließlich in der Hand hielt, legte man vor den »Linsenseher« auf ein Tuch, worauf dieser dann zwei oder mehr Teilmengen bildete, die er anschließend im Gespräch mit dem Fragenden »auslegte« – im wörtlichen wie im übertragenen Sinn.

Warum es gerade Linsen sein mußten, darüber findet sich keine eindeutige Antwort in den Überlieferungen. Vieles spricht aber dafür, daß Linsen aus folgenden Gründen gewählt wurden: Erstens waren sie als Volksnahrungsmittel überall in großen Mengen verfügbar. Zweitens haben Linsen gerade die richtige Größe, um die für das Orakel nötige Menge von bis zu neunundneunzig Linsen mit einer Hand zu greifen, vorausgesetzt, man verwendet nicht die großen Teller-, sondern die kleinen Berglinsen. Und drittens sind Linsen von der Form her viel besser geeignet, durch die Finger zu gleiten als zum Beispiel Erbsen, Bohnenkerne oder die kantigen Kichererbsen. Machen Sie die Probe aufs Exempel! Eine kurze Einführung in die Praxis des Linsenorakels finden Sie im Anhang des Buches.

Es folgen nun die Deutungen zu den Zahlen von eins bis neunundneunzig. Dem westlichen Leser mag das relativ unkomplizierte Verfahren der altpersischen Numerologie vielleicht etwas primitiv und unwissenschaftlich erscheinen. Er sollte sich aber vor Augen halten, daß die Wahrheiten und Sinnzusammenhänge des Lebens sich mit »objektiven«, quantitativen, statistisch abgesicherten Methoden nicht restlos erfassen lassen. Intuitives Wissen, das außerhalb des wissenschaftlichen Weltbildes liegt, wird jedoch von immer mehr Menschen bewußt bei Entscheidungen herangezogen. Die Beschäftigung mit der altpersischen Numerologie ist eine weitere Möglichkeit, die engen Grenzen der Wahrnehmung zu sprengen und einen Zugang zu den verborgenen Strukturen des Universums zu finden.

Sommer 1992

ARMAN SAHIHI

Die Grundzahlen

1
Eins

Die vollkommene Zahl. Die Zahl der Einheit und Unteilbarkeit, des Ganzen in seiner endgültigen Gestalt. Umfassend und doch auf den (geometrischen) Punkt konzentriert.

Die schöpferische Zahl, die aus sich selbst heraus alle anderen Zahlen gebiert. Aus ihrer Einheit entsteht Unendlichkeit.

Der Urgrund, das Beginnen, der Keim aller Vielfalt. Weiblich vom Prinzip, doch männlich von Gestalt. (Alle ungeraden Zahlen sind männlich, alle geraden weiblich.) Vermählt sich die Eins mit einer anderen Zahl, ändert diese ihr Geschlecht und ihr Wesen in allen Aspekten.

Und doch ist die Eins, auf sich allein gestellt, in ihren Möglichkeiten beschnitten. Die Eins sucht den Dialog. In ihrem Drang nach Veränderung strebt sie von der Einheit zur Vielfalt, von der Ganzheit zur (möglichen) Teilbarkeit. Sich selbst genug und doch nach Vollkommenheit strebend, ist in der Eins die Zweiheit inbegriffen.

Menschen im Zeichen der Eins tragen charakterliche Prägungen, die, dem bloßen Augenschein nach einfach, in ihrer Komplexität jedoch kaum auszuloten sind. Diese Menschen sind kreativ, doch nur schwer von der Vollkommenheit ihrer Schöpfungen zu überzeugen. Fast selbstzerstörerisch erscheint ihr Drang, aus sich herauszugehen, sich zu verausgaben, sich bis zur Selbstaufgabe in anderen Menschen zu verlieren. Oft finden sich im Zeichen der Eins Menschen mit einer unübersehbaren Neigung, am Leben ihrer Mitmenschen teilzuhaben. So wie sie sich selbst verströmen, so sehr können sie die Energien anderer in sich aufsaugen. Egoismus ist ihnen gleichwohl fremd. Alles, was sie empfangen, geben sie vielfach wieder zurück. Das macht sie zu geschätzten Zeitgenossen, auch wenn der Umgang mit ihnen nicht immer einfach ist. Sie bereichern jeden, der sich auf sie einläßt.

Rückschläge kennen sie kaum. Sie blicken selten zurück. Ihr Augenmerk ist auf das Kommende gerichtet. Auch wenn sie sich ihrer Möglichkeiten selten bewußt sind, leitet sie unbewußt das Wissen, daß das Leben unerschöpflich ist. Verlust wissen sie in Gewinn umzudeuten, und jeder Gewinn vervielfacht ihre Perspektiven.

Die Eins als Orakelzahl weist auf kommenden Reichtum hin, der gleichwohl nur selten materieller Natur ist. Aktives Bemühen um Reichtum führt nicht zum Erfolg. Wachsamkeit, Empfänglichkeit aller Sinne und grenzenlose Aufnahmebereitschaft weisen den Weg zur Fülle, die selten in der erwarteten Gestalt kommt.

Sich für Unverhofftes bereitzuhalten, alles vorausschauend zu erwarten, ohne sein Herz an konkrete Dinge zu hängen – das ist die Botschaft der Eins.

2
Zwei

Die Zahl der Ambivalenz ebenso wie der Geradlinigkeit. Auch die Zwei trägt ihr Paradox in sich: Die Fähigkeit, alles zu polarisieren, mündet in Selbstaufgabe.
Die Zahl des Ja oder Nein, Schwarz oder Weiß, Kalt oder Heiß. Dualität, Klarheit, restlose Teilbarkeit. Zwischen den Polen herrscht das Nichts.
Wie allen geraden, weiblichen Zahlen haftet der Zwei ein Beigeschmack von Verneinung an. Es ist das Auseinanderfallen der absoluten göttlichen Einheit, das sich in ihr andeutet. Und doch besteht die tröstliche Gewißheit, daß der Mensch, aus der göttlichen Einheit herausgefallen, durch Polarität wieder ganz werden kann. Die Zwei trennt nicht nur; in gleichem Maße verbindet sie auch. Aus dem Ja oder Nein wird ein Ja und Nein. Aus dem Schwarz und Weiß entstehen erst die Schattierungen. Das verbindende »und« läßt die Extreme erst erträglich werden. Kälte und Hitze verschmelzen zu wohltuender Wärme.
Ahura Mazda, der lichte Gott, und *Ahriman*, der dunkle Mächtige: In diesen Göttern verkörpert sich der Dualismus der altpersischen Religion. Von ihm ist die ganze Schöpfung durchdrungen. Sie lebt durch

den Gegensatz. Doch dieses Leben bewegt sich immer am Abgrund der Zerstörung entlang. Es bedarf großer Kraft, dieser Bedrohung ins Auge zu sehen, und noch größerer Anstrengung, die drohende Gefahr zu bannen.

Menschen im Zeichen der Zwei verfügen oft über diese Kraft. Wessen Leben durch diese Zahl bestimmt ist, der hält Spannungen aus und versteht, zwischen den Extremen zu wandeln, wenn auch nicht unbedingt zu vermitteln. Der Reichtum der Zwei zeigt sich in der Kunst, von den Extremen zu kosten, ohne sich von ihnen zerstören zu lassen. Die Zwei steht für die Fähigkeit, etwas in seiner unverfälschten Form zu erkennen oder etwas schätzen zu lernen, was andere mit Abscheu, Angst und Entsetzen erfüllen würde.

Menschen unter dem Einfluß der Zwei werden oft die Extreme suchen, wenn sie sie erkannt haben. Das geschieht bei ihnen meist frühzeitig. Als Kinder sind sie ihren Altersgenossen oft voraus, was vielfach mißgedeutet wird. Sie sind nicht altklug. Sie haben in der Tat früher als andere Zugang zu tiefem Wissen, das manchem ein Leben lang verborgen bleibt.

Sie wissen um die Bedürftigkeit des Menschen, um seine Unvollkommenheit und suchen nach ihrer Ergänzung. Da ihr Charakter durch die Erfahrung der Polarität geprägt ist, hoffen sie, diese Ergänzung beim jeweils anderen Geschlecht zu finden. Ihre Vorstellung vom vollkommenen Partner läßt sich sehr anschaulich so beschreiben: Zwei Menschen müssen zueinander passen wie die Hälften einer Walnuß – vereint und doch in ihrer Eigenständigkeit unverkennbar. Wie die zwei Hälften des Gehirns (die einer Walnuß verblüffend ähneln), die unabhängig voneinander existieren können, aber erst im Zusammenspiel ihre ganze Kraft entwickeln.

Als Orakelzahl weist die Zahl Zwei auf drohende Gefahr hin, auf Spannungen, die zu einer Zerreißprobe werden können. Mut und Umsicht helfen, die Gefahr zu meistern. Und wer sich nah an seine Grenzen herangewagt hat, geht gestärkt aus der Gefahr hervor.

3
Drei

Die Zahl der Aufhebung der Gegensätze in einer höheren Form. Die Zahl des Zusammenführens der Extreme, der Überwindung der polaren Spannung.

Die Zahl der Mitte, der fruchtbaren Synthese. Die Zahl der Dreifaltigkeit: von Körper, Geist und Seele; von Schale, Fleisch und Kern einer Frucht; von Wurzel, Stengel und Blüte einer Pflanze.

Die Drei umfaßt Anfang, Mitte und Ende. Sie steht für die höhere Erkenntnis, daß Gegensätze sich zwar anziehen, jedoch nicht, um sich aufzuheben. Vielmehr überwinden sie die anfängliche Widersprüchlichkeit, um zu neuen Einsichten zu gelangen. Die Drei ist die Zahl des Fortschreitens, des Abstreifens alter Wahrheiten, die unbrauchbar geworden sind.

Die Zahl des Neuen. Zwei Einheiten vermählen sich, und das Dritte entsteht. Es verbindet, was sich aus eigener Kraft nicht dauerhaft binden kann. Und doch erschöpft sich die Kraft der Drei nicht im Brückenschlag zwischen scheinbar unüberwindlichen Gegensätzen.

Die Drei, obwohl aus der Zweiheit hervorgegangen, ist eigenständig von Anbeginn an. Sie setzt Wesensfremdes zueinander in Beziehung, ohne es bis zur Unkenntlichkeit zu vermischen.

Die Zahl des unvermuteten Aufsteigens, des verschlossen geglaubten Zugangs, des Reichtums inmitten der Überschaubarkeit. Drei – das ist der Fluß zwischen zwei Ufern, der lebendige Strom, der seine Herkunft weit hinter sich läßt. Drei – das ist der Schlüssel, der Türen aufschließt, Räume öffnet und Gedanken aus der Strenge der Bipolarität befreit.

Menschen, die von der Drei bestimmt werden, haben viel vom heiteren Wesen dieser Zahl. Leichtigkeit, Ungebundenheit, Freiheit sind die Stichworte. Nicht zu verwechseln mit Leichtsinn, Bindungslosigkeit, Leere. Der im Zeichen der Drei stehende Mensch ist sich seiner Verantwortung bewußt. Doch er trägt nicht zu schwer an ihr. Wenn es jemanden gibt, der zum Vermittler geboren ist, dann ist es der Mensch der Drei. Er ist unparteiisch, aber nicht gleichgültig; gerecht, aber nicht hart; unbeteiligt, aber nicht desinteressiert.

Das Zeichen der Drei verleiht die Gabe der Phantasie. Menschen unter dem Einfluß der Drei sind oft sehr erfinderisch, auf eine handfeste, lebenstüchtige Weise. Sie bauen Brücken im wörtlichen wie im übertragenen Sinn. Sie finden einen Ausweg, wo andere längst verzagt aufgegeben haben. Langeweile ist ihnen fremd – nichts ist in ihrer Vorstellung so vollkommen, daß sich nicht eine Verbesserung erfinden ließe.

Menschen im Zeichen der Drei sind oft schon als Kinder der Mittelpunkt im Kreis ihrer Spielgefährten. Doch Eitelkeit liegt ihnen nicht. Sie sind liebenswert, weil ihnen ihr ausgeglichenes und ausgleichendes Wesen nie zur Masche gerät.

Die Drei im Orakel ist eine magische Zahl. Magisch im positiven Sinn. Drei ist die Glückszahl schlechthin. Sie verheißt ein heiteres Gemüt – die wichtigste Voraussetzung für die Bewältigung schwieriger Situationen. Dem Glücklichen fällt zu, wofür andere sich oft vergeblich abmühen. Die Drei symbolisiert das Aufheben der Gegensätze, das Sich-Erheben über die Abgründe von Zweifel und Zwietracht, das Aufsteigen zu ungeahnten Höhen der Einsicht, aber auch des Genusses und der Fähigkeit, das Leben auszukosten.

4
Vier

Die Zahl der Ausdehnung, aber auch der Zerstreuung. Die Zahl der Ordnung, aber auch der Starrheit. Die Zahl der Erdgebundenheit, aber auch der Unbeweglichkeit.

Die Zahl der Mondphasen. Die Zahl der Abschnitte des Jahres. Die Zahl der Himmelsrichtungen.

Die Zahl der Verdoppelung der Kräfte – »mit vier Händen anpacken« bedeutete bei den alten Persern »mit aller Kraft anpacken«. Die Zahl auch der Verschlossenheit, des Geheimnisses – »unter vier Augen miteinander sprechen« heißt, Vertrauliches ohne Zeugen auszutauschen.

Geistige Höhenflüge sind nicht Sache der Vier. Im Zeichen der Vier werden nur durchschnittliche kreative oder wissenschaftliche Leistungen erbracht. Unter ihrem Einfluß wird nichts Bahnbrechendes erfunden. Die Stärke der Vier ist es, alles in eine überschaubare Ordnung zu bringen. Die Vier ist sachlich-nüchtern, nicht phantasievoll.

Alte Stadtbefestigungen haben vier Türme, einen in jeder Himmelsrichtung. Von dort sichteten die Hüter der Ordnung die Gefahr, sei sie als Angriff von außen oder als Auflösung der Ordnung von innen in Erscheinung getreten.

Menschen, die im Zeichen der Vier geboren wurden, werden organisatorische Talente entwickeln. Man schätze ihre Ordnungsliebe nicht gering. Auch die Gabe des Sehens ist unter dem Einfluß der Vier hoch entwickelt. Doch wird hier eher die Gefahr gesehen als die verheißungsvolle Zukunft. Menschen, denen die Vier entspricht, sind ebensowenig Tagträumer wie unerschütterliche Optimisten. Oft tragen sie schwer an der Verantwortung, die ihnen aufgrund ihrer Qualitäten aufgebürdet wird. Nie werden sie in ein hohes Amt drängen. Doch oft wird man es ihnen antragen, weil ihr Überblick und ihre Nüchternheit geschätzt werden.

Vierer-Menschen bedürfen der Partner und Freunde, die ihr Gemüt aufheitern. Sie leiden unter Schwermut, weil sie die Dinge nicht im hellen Licht von Wunschvorstellungen sehen können, sondern immer nur in bedrohlichen Farben. Sie haben wenig Hoffnung auf Veränderung. Vierer-Menschen sind deshalb nicht leicht von ihren Sorgen abzulenken. Aber wem es gelingt, ihren Panzer aus Bekümmerung zu durchbrechen, der findet in ihnen Freunde, auf die er sich unbedingt verlassen kann. Die Aufrichtigkeit eines Menschen im Zeichen der Vier ist kaum zu übertreffen. Er sieht die Dinge wirklich objektiv. Das macht ihn zu einem geschätzten Ratgeber. Denn er weiß auch, wie der Rat in die Tat umgesetzt werden kann. Wenn er sich ans Werk macht, dann immer »mit vier Händen«.

Die Vier als Orakelzahl ist nicht leicht zu deuten. Gerade im Fall der Vier wird es notwendig sein, das Orakel ein zweites Mal zu befragen, um herauszufinden, ob die pessimistisch-ernüchternde oder die tatkräftig-zupackende Bedeutung dominiert. Grundsätzlich weist die Vier darauf hin, daß Ordnung in eine verworrene Sache gebracht werden muß. Werden die Dinge klarer gesehen, dann läßt sich darüber nachdenken, was getan werden muß.

5
Fünf

Die Zahl des Unbekümmerten. Die Zahl des Lebendigen. Die Zahl der Unordnung. Die bestehenden Ordnungen werden in Frage gestellt. Das Leben wird mit Frohsinn betrachtet.

Die Zahl der Finger an einer Hand, der Zehen an einem Fuß. Die Zahl der Kelchblätter der Rose. Die Zahl der Elemente im alten Persien: Erde, Wasser, Feuer, Licht, Luft.

Zusammengesetzt aus der männlichen Drei und der weiblichen Zwei. In der Verknüpfung unteilbar, in der Ergänzung nah am Vollkommenen. Als Sinnbild für die Verbindung zwischen Mann und Frau magisch. Im Hinblick auf die natürliche Form von Blüten sinnlich. In der Darstellung oft geheimnisvoll. Die fünf Finger der erhobenen Hand, die die Gefahr abwehrt. Die fünf Arme des Seesterns, eines alten Orakelzeichens.

Die Fünf ist die lebensbejahende Zahl schlechthin. Unbekümmertheit, Sinnlichkeit, Geheimnis – damit ist die Anziehung der Geschlechter schon fast erschöpfend beschrieben. Aus dieser fruchtbaren Verbindung geht alles Leben hervor. Die Unendlichkeit der Liebe und das von ihr immer wieder neu ins Leben Gerufene wird durch das Pentagramm ausgedrückt, den fünfzakkigen Stern, der auch an den Seestern erinnert, der im alten Persien Fruchtbarkeit symbolisierte.

Menschen im Zeichen der Fünf strahlen Sinnlichkeit aus. Ihre Kraft und Wärme machen sie anziehend. Auch wenn sie sich ihrer magischen Ausstrahlung nicht bewußt sind, wissen sie intuitiv ihre Gaben zu nutzen. Sie lockern starre Muster auf; sie stellen alte Ordnungen in Frage, indem sie sie einfach ignorieren. Sie kümmern sich nicht um Konventionen. Althergebrachtes genießt bei ihnen weniger Respekt als erfrischend Neues. Das Unbekannte reizt sie. Dabei spielen sie oft mit dem Feuer, ohne dessen Gefährlichkeit zu erkennen. Haben sie sich verbrannt, ziehen sie sich grollend zurück. Oder sie werfen sich mit voller Absicht in die Flammen, um sich verzehren zu lassen.

In ihrer Leidenschaftlichkeit sind sie ebenso glühend wie in ihrem Haß. Meist währt jedoch beides nicht lange, denn der unbekümmerte Fünfer sucht stets neue Objekte für seine Passionen. Beständigkeit ist nicht seine Sache. Er ist kaum der Typ, beharrlich und durch alle Widrigkeiten hindurch einen Plan zu verfolgen. Seine Spontaneität wirkt ansteckend. Das prädestiniert ihn für die Rolle des Impulsgebers, wenn es auch weniger seine Ideen sind, mit denen er brilliert. Vielmehr schafft er eine Atmosphäre von Unbeschwertheit, in der der Geist sich befreit, die Seele ihre Fesseln abwirft und der Körper sich dem Genuß hingibt.

Die Fünf ist als Orakelzahl von besonderer Bedeutung. Sie verkörpert das magische Element. Oft erweist sich das Positive der Fünf in Fragen der Partnerwahl. Befragt man das Orakel in einer Herzensangelegenheit, und es ergibt sich eine Fünf, ist die Prognose ausgesprochen günstig. Vorsicht ist angebracht, wenn die Fragestellung im weitesten Sinne geschäftliche Probleme berührt. Hier weist die Fünf darauf hin, daß sich die dominierende Sinnlichkeit mit einem scharfen Verstand verbünden muß, damit nicht Leichtsinn alles Gewonnene aufs Spiel setzt.

6
Sechs

Die Zahl des geschlossenen Raumes, der in sich die ganze Welt wie in einer Nußschale birgt. Die Zahl der Seiten, die einen Kubus umschließen.

Die Zahl der Schöpfungsperioden in der Kosmologie des alten Pars (Persien). Die Anzahl der großen Festtage im Ablauf des altpersischen Jahres.

Das Sechseck. Die von der Natur geschaffene, vom Menschen aufgrund ihrer Schönheit und Vollkommenheit bewunderte Form der Bienenwabe. Der sechszakkige Stern: gebildet aus zwei ineinandergreifenden Dreiecken, deren Spitzen nach oben und nach unten zeigen.

Das Gute und das Böse in derselben Form vereint. Symbol des Widerstreits miteinander konkurrierender Kräfte.

Sowohl die Summe als auch das Produkt seiner Teile: 1 + 2 + 3, 1 x 2 x 3. Das Männliche und das Weibliche zusammen mit dem Göttlichen. Nach der Eins ist die Sechs die nächste vollkommene Zahl. Ihre Vollkommenheit ist anschaulich. Sechs Seiten bilden einen rundum geschlossenen Raum, ähnlich der menschlichen Behausung, eine Zuflucht vor den Unbilden der Welt. Dort ist Platz, sich zu sammeln, zu Kräften zu kommen.

Menschen im Zeichen der Sechs sind warm und herzlich. Das altmodische Wort »Herzensbildung« ist selten so angebracht wie bei ihnen. Sie sind ausgeglichen, mit sich und der Welt im reinen. Sie verstehen zuzuhören; sie spüren, wo Trost gespendet werden muß, und finden die richtigen Worte dafür. Sie verfügen über eine Menge Humor. Aber es käme ihnen nie in den Sinn, ihn in Form von Ironie gegen andere zu wenden. Auch sind sie über jeden Spott erhaben.

Menschen unter dem Einfluß der Sechs sind bei sich zu Hause. Im wörtlichen wie im übertragenen Sinn. Sie sind eins mit sich selbst. Selten wirken sie rastlos. Ihre Wohnungen sind Orte, an denen man sich gern aufhält. Wie ihre Bewohner strahlen sie Ruhe und Unverkrampftheit aus. Ein Sechser-Mensch verabscheut nichts so sehr wie den Versuch, mehr zu scheinen als zu sein. Menschen unter diesem Zeichen strahlen eine natürliche Autorität aus, von der sie nie falschen Gebrauch machen. Sie teilen freigebig, ohne damit imponieren zu wollen. Sie geben Wärme, Rat, Trost und, wenn es sein muß, ihr letztes Hemd. Und es scheint, als würden sie sich nie verausgaben. Sie fühlen sich von den Göttern geliebt und betrachten es als Verpflichtung, denen beizustehen, die weniger begünstigt sind als sie.

Die Sechs als Orakelzahl hat eine ausgesprochen positive Bedeutung. Sie kann auf materiellen Wohlstand und körperliches Wohlbefinden hinweisen. Möglicherweise zeigt sie einen unverhofften Zuwachs an, der nicht immer nur materieller Natur sein muß. Zuwachs kann auch heißen, endlich die Ruhe zu finden, die man braucht, um verborgene Qualitäten in sich selbst zu entdecken und fördern zu können.

Die Sechs tritt in den Vordergrund, wenn eine Periode der Rastlosigkeit und des Suchens zu Ende geht. Man ist gut beraten, diesen Hinweis ernst zu nehmen, denn sonst läuft man Gefahr, eine wichtige Entwicklung einfach zu übersehen. Es mag an der Zeit sein, sich an einen geschützten Ort zu begeben und von dort aus das Geschehen eine Weile zu beobachten, ehe man sich gestärkt wieder hinaus in die Welt begibt.

7
Sieben

Die Zahl der Weisheit. Die Zahl der Tiefe und des Unbewußten, des geheimnisvollen Zugangs zum Urgrund des Lebens, des vollständig geschlossenen Kreislaufs.

Die Zahl der Lebensphasen in der Vorstellung des alten Pars (Persien). Reife und Übergang in eine neue Phase vollziehen sich jeweils im siebten Jahr.

Hervorgegangen aus der Verschmelzung der dynamischen Drei (männlich) mit der zurückhaltenden Vier (weiblich), ist sie die Idealzahl des Lebens selbst, das von einem Siebener-Rhythmus geprägt ist. Die ersten sieben Jahre enden mit dem Zahnwechsel, das Ende der zweiten Phase von sieben Jahren wird vom Eintritt in die Pubertät markiert. Der Übergang von der dritten zur vierten Phase ist der Beginn des Erwachsenenalters.

Die Sieben ist von den neun Grundzahlen die größte, die nicht in zwei oder drei gleich große Teile zu zerlegen ist. Das verleiht ihr eine dominante Stellung. Von noch größerem Einfluß auf die Bedeutung, die der Sieben bei den alten Persern beigemessen wurde, ist die Tatsache, daß der Mond alle sieben Tage in eine andere Phase eintritt. Daher rührt die Bedeutung der Sieben als Zahl des Übergangs.

Menschen im Zeichen der Sieben sind oft von einer außerordentlichen Klugheit. Sie verfügen sowohl über intuitives Wissen von Zusammenhängen, die anderen verborgen bleiben, als auch über die Fähigkeit, noch im verworrensten Durcheinander klare Strukturen zu erkennen. Das macht sie zu ebenso geschätzten wie gefürchteten Ratgebern. Nur selten mißbrauchen sie die Macht, die ihnen durch diese Gaben verliehen wurde. Weltlicher Ruhm ist ihnen fremd. Ja, sie verabscheuen bisweilen jeden Rummel um ihre Person und leben daher oft sehr zurückgezogen.

Es sind einerseits ihr tiefes Wissen, andererseits ihr empfindsames Wesen und ihr Ruhebedürfnis, von denen Siebener-Menschen in die Isolation getrieben werden. Sie können nicht anders, und doch leiden sie darunter – eben weil sie wissen, daß sie keine andere Wahl haben. Siebener-Menschen sollten ihre Partner mit Bedacht wählen. Weder ein anderer Siebener noch ein Mensch, der an ihrer Tiefgründigkeit nicht wenigstens mitfühlend Anteil nimmt, tut ihnen auf Dauer gut. Und nur an Dauerhaftigkeit ist ein Mensch im Zeichen der Sieben in der Regel interessiert.

Die Sieben als Orakelzahl deutet an, daß etwas – möglicherweise unter großen Schmerzen – zu Ende geht. Trotzdem darf dieser Hinweis nicht so interpretiert werden, daß damit ein Verlust zu betrauern ist. Etwas wird nur dann wirklich abgeschlossen, wenn es zur vollen Reife gelangt ist. Man halte also Ausschau nach dem Neuen, das sich vielleicht schon längst gezeigt hat.

Die Sieben kann somit auch bedeuten, daß es an

der Zeit ist, den Blick in die Zukunft zu richten. Etwas drängt ins Blickfeld, das bisher übersehen wurde. Führt man sich die Gründe vor Augen, warum man es noch nicht wahrnehmen wollte, hat man den Schlüssel zur Lösung des Problems. Entschlossenes Handeln ist möglich, wenn man sich auf sein intuitives Wissen verläßt und mehr als sonst seinen Ahnungen vertraut.

8
Acht

Die Zahl, deren Gestalt die Verläßlichkeit der ewigen Wiederholung symbolisiert. Die aber auch das Gefangensein in einer tödlichen Schleife darstellen kann.
Die Zahl der Paradiese in der altpersischen Vorstellung. Die Zahl der Verklärung und der Überwindung irdischer Mühsal.
Die Zahl des Glücks und der verdoppelten Kraft. Stärker noch als die Vier, die ja eine Verdoppelung der Zwei ist, verkörpert die Acht als die Verdoppelung der Vier oder als 2 x 2 x 2 die unerschöpfliche Energie des Lebens. Dies drückte sich besonders in den altpersischen Gärten aus. Diese Sinnbilder der Lebensenergie sind oft achtteilig angelegt worden, wie auch das berühmte Buch *Der Rosengarten* in acht Kapitel unterteilt ist.
Der negative Aspekt der Acht – die tödliche Wiederholung – ist von untergeordneter Bedeutung. Die Kraft der Acht reicht aus, auch scheinbar Unerträgliches tragbar zu machen.
Es ist die Aussicht auf jenseitige Belohnung, die die Energien freisetzt und in die richtigen Kanäle leitet. Solange diese Hoffnung motiviert, besteht keine Ge-

fahr, sich in einer ausweglosen Situation wiederzufinden.

Menschen im Zeichen der Acht sind oft ausgesprochene Glückskinder. Ausgestattet mit einer Extraportion Durchhaltevermögen, meistern sie ihr Schicksal selbst dann, wenn andere längst aufgegeben hätten. Viele Achter sind sehr erfolgreich, und sie haben Freude daran, sich mit den sichtbaren Zeichen ihres Erfolgs zu umgeben. Ihre Entschlossenheit und ihr Glaube an das Machbare wirken ansteckend. Sie verstehen es, andere durch ihre Begeisterung mitzureißen und zu Höchstleistungen anzuspornen. Das macht sie zu idealen Vorgesetzten.

Selten passiert es, daß ein Achter-Mensch seine Kraft falsch einschätzt. Die Gefahr besteht eher darin, sie der falschen Sache zu widmen. Gelegentlich kommt es vor, daß ein Mensch unter dem Einfluß der Acht zum Fanatiker wird. Blind für seine Umgebung, verrennt er sich und verfolgt ein Ziel, das sich bei genauerer Betrachtung als Falle entpuppt. Da ein Achter selbst im Fanatismus meist noch mitreißend wirkt, kann dies viele andere ins Unglück stürzen. Man hüte sich also vor falschen Zielen und verbinde am besten die eigene Energie mit der Urteilskraft eines weisen Ratgebers.

Die Acht als Orakelzahl ist eine Glückszahl und verheißt zunächst einen Zuwachs an Kraft, Geld, Macht und Möglichkeiten. Die Acht, erste Zahl nach der Sieben, Zahl des geschlossenen Kreises, weist darauf hin, daß der Neubeginn unter einem günstigen Omen steht. Man wird Unterstützung finden für die eigenen Ideen und Gleichgesinnte, die bei der Verwirklichung helfen.

Acht

Vorsicht ist geboten, wenn die Acht im Orakel in Zusammenhang mit einer negativen Fragestellung auftaucht. Das kann bedeuten, daß man sich zunächst Klarheit über seine eigentlichen Ziele verschaffen muß, um die Kraft, die zur Verfügung steht, wirklich nutzbringend einsetzen zu können. Man hüte sich vor falschen Freunden. Und vor allem sollte man ein offenes Ohr für Ratschläge besonnener und unvoreingenommener Menschen haben. Denn sonst ist die Gefahr groß, sich unversehens in der Spurrille der ewigen und unfruchtbaren Wiederholung zu finden, die keinen Ausweg mehr bietet.

9
Neun

Die Zahl des erreichten Zieles, der überwundenen Hindernisse und bewältigten Schwierigkeiten. Die Zahl des glückhaft beschrittenen Weges vom Ich zum Du.

Die Zahl der Richter im alten Pars, die Zahl des weisen Ratschlusses und des besonnenen Urteils. Die Zahl des Höchstmaßes an irdischer Gerechtigkeit.

In der Neun vereinigen sich die Kräfte der Drei auf dreifache Weise. Ist die Drei die Zahl des Fortschreitens, so ist die dreifach genommene Drei, die Neun, folgerichtig die Zahl des Lebensweges, von dem nicht abgewichen werden kann, ohne Schaden an Leib und Seele zu nehmen. Nur das von Weisheit bestimmte, beständige Fortschreiten führt zur Vollendung, bringt den Wandernden ans Ziel.

Zu den Besonderheiten der Neun gehört, daß ihre Vielfachen, zieht man aus ihnen die Quersumme, wieder die Neun ergeben. Auch hierin zeigt sich das Beständige des Weges der Neun. Der Weise, der das Wesen der Dinge auch durch die Verkleidung hindurch erkennt, läßt sich niemals von dem ablenken, was ihm als sicher gilt. Die Neun blickt hinter die Dinge. Sie nimmt verborgene Schwingungen auf, die dem weniger Weisen ein Leben lang unzugänglich bleiben werden.

Menschen im Zeichen der Neun sind oft durch große Selbstlosigkeit und Opferbereitschaft gekennzeichnet. Ihre intuitive Wahrnehmung des Leids ihrer Mitmenschen läßt sie helfen, bevor andere überhaupt die Notlage erkannt haben. Menschen, deren Schicksal von der Neun geprägt ist, haben nach außen hin oft kein glänzendes, glückliches Leben. Materieller Besitz ist ihnen gleichgültig, was nicht heißt, daß sie ihn verachten. Wenn sie durch eine Fügung des Schicksals zu Reichtum und Wohlstand kommen sollten, werden sie nicht zögern, ihr Geld an Bedürftige zu verteilen. Geben bedeutet ihnen mehr als Nehmen.

Gefahr droht diesen Menschen weniger durch andere als durch ihr eigenes Verhalten. Sie müssen nicht so sehr befürchten, ausgenutzt zu werden, sondern vielmehr darauf achten, nicht an ihrer eigenen Hochmütigkeit zu scheitern, die sich hier in ihrer subtilsten Form zeigen kann: in der Unfähigkeit, von anderen etwas zu empfangen. Wer sich immerzu in der Rolle des Gebenden gefällt, wird leicht hart gegen seine eigenen Bedürfnisse. Sich selbst zu vernachlässigen ist aber ebenso ein Abweichen vom Weg, wie es die ungerechte Härte gegenüber anderen ist.

Die Neun als Orakelzahl weist auf den glücklichen Abschluß einer lange geplanten, vielleicht auch schon vernachlässigten oder gar aufgegebenen Angelegenheit hin. Der Wirrwarr widerstreitender Empfindungen mag sich lichten und den Blick freimachen auf das Ziel, das nun, vielleicht zum ersten Mal, in aller Deutlichkeit hervortritt. Wer das Ziel fest im Blick behält, ist von seinem Weg kaum mehr abzubringen und läßt sich von Widrigkeiten nicht beirren.

Die Neun als Zahl der Gerechtigkeit und Weisheit kann auch den guten Ausgang eines Prozesses ankündigen. Und noch ein anderer Aspekt dieser Zahl soll nicht unerwähnt bleiben: Da neun Monate die Dauer einer Schwangerschaft sind, kann eine Neun als Orakelzahl auf Kinderwünsche hinweisen und auf die Sehnsucht, eine Familie zu gründen und seßhaft zu werden.

10
Zehn

Im Gegensatz zu anderen Systemen der Zahlenmystik kommt der Zehn als zweistelliger, also nicht auf eine Quersumme reduzierter Zahl bei den alten Persern eine besondere Bedeutung zu. Als erste Zahl mit zwei Ziffern ist die Zehn die Stufe zu einer neuen Ordnung der Vielheit.

Die Zehn ist sowohl die Zahl der Ehe als auch der militärischen Ordnung. In der Ehe verbindet sich die unbekümmerte, lebensbejahende Fünf mit der ambivalenten Zwei zu einer neuen Ordnung (5 x 2). Aus dem Einssein der Liebe wird die Einheit Ehe, in der jeweils entgegengesetzte Kräfte um die Macht ringen: Mann und Frau, Eros und Vernunft, Neigung und Pflicht.

Militärische Ordnung beruht auf der Zehn, wobei nicht das Ringen um die Macht ausschlaggebend ist, sondern die Unterordnung. Hängt das Gelingen einer Ehe von der Fähigkeit ab, zwischen den beiden Polen, zwischen Mann und Frau, eine Balance zu finden, so ist in der Hierarchie des Militärs das Ausfüllen des zugewiesenen Platzes von höchster Wichtigkeit. Beide Male geht es darum, den eigenen Wert im Spannungsfeld von Dominanz und Abhängigkeit zu bestimmen. Dieser Vorgang wird durch die Zehn symbolisiert, die die Scheidelinie zwischen der Ordnung der einfachen und der zusammengesetzten Zahlen markiert.

Menschen im Zeichen der Zehn werden sich ihr Leben lang mit der Frage der Macht beschäftigen. Sei es, daß sie nach Vergrößerung ihres persönlichen Einflußbereiches streben, sei es, daß sie ihre Kräfte in den Dienst der herrschenden Ordnung stellen. Da mit der Zehn der Bereich der mehrstelligen Zahlen betreten wird, von denen jede sich auf eine einstellige Zahl reduzieren läßt, muß bei Menschen unter dem Einfluß der Zehn immer auch die Eins berücksichtigt werden.

Die Gefahren im Zeichen der Zehn sind vielfältiger Natur, wie auch die Belohnungen beim Gelingen des Lebensentwurfs außerordentlich reichhaltig sein können. Machtausübung zieht Machtmißbrauch wie einen Schatten hinter sich her, und darin liegt auch die größte Herausforderung für einen Zehner-Menschen. Von seinem Machtpotential redlichen Gebrauch zu machen ist seine zentrale Lebensaufgabe. Eine andere Gefahr besteht darin, sich die Macht durch unlautere Mittel aneignen zu wollen. Hier ist zu bedenken, daß Macht um ihrer selbst willen sich letztlich immer gegen den Träger der Macht richten wird. Man hüte sich also vor zu großem Ehrgeiz.

Die Zehn als Orakelzahl kann einerseits auf einen kommenden Konflikt hinweisen. Man wird sich möglicherweise mit Vorgesetzten auseinanderzusetzen haben. Darum prüfe man seine Argumente gut und achte darauf, in der Sache fest, in der Auseinandersetzung aber flexibel zu sein.

Andererseits kann die Zehn im Orakel auch auf einen Zuwachs an Macht hindeuten. Eine Beförderung – im weitesten Sinne – steht möglicherweise bevor. Man sollte sich fragen, wo man seine Kräfte zum Nutzen aller am sinnvollsten einsetzen kann. Erkennt man, daß der in Aussicht gestellte Platz den eigenen Fähigkeiten und Neigungen nicht angemessen ist, sollte man die Kraft und den Mut haben, die Beförderung auszuschlagen. Das wird bei manchen Mitmenschen Unverständnis hervorrufen. Aber es ist die innere Stimme, der man folgen muß, und nicht die öffentliche Meinung.

Die zweistelligen Zahlen

Elf bis Neunundneunzig

Mit der Elf wird der Bereich der einfachen oder Grundzahlen endgültig verlassen. Mehr noch als für die Zehn gilt für alle zweistelligen Zahlen, daß bei ihrer Betrachtung der Wert der Quersumme in die Interpretation einbezogen werden sollte.

Während die Grundzahlen eher zur Bestimmung charakterlicher Anlagen befragt werden können, sieht man in den zweistelligen Zahlen vorwiegend Hinweise auf die Zukunft.

In der Deutung der zweistelligen Zahlen zeigt sich die äußerst pragmatische Seite der altpersischen Numerologie, die wiederum Ausdruck großer Lebensklugheit ist. Im Gegensatz zu vielen anderen divinatorischen Methoden und Orakeln geht es hier gerade nicht darum, den Blick zu verengen, gar im Sinne einer sich selbst erfüllenden Prophezeiung. Die bewußte wie die unbewußte Wahrnehmung werden nicht auf ein unbedingt zu erwartendes Ereignis fixiert. Vielmehr werden dem Fragenden Anregungen gegeben, sein Problem aus bisher nicht berücksichtigten Perspektiven zu betrachten.

Daher werden bei jeder zweistelligen Zahl Hinweise auf die dazugehörigen Grundzahlen gegeben. Die verschiedenen einfachen Zahlen, aus denen sich eine zweistellige Zahl zusammensetzt, sollten neben der Quersumme ebenfalls immer bei der Betrachtung mitberücksichtigt werden.

In den folgenden Zahlenporträts wird der Zukunftsaspekt gegenüber dem Wesensaspekt der Zahl betont – so wie es der Auffassung im alten Pars entsprach, daß die Wahrheit zwar im Einfachen begründet liegt, sie uns aber in vielfältiger Gestalt entgegentritt.

Jeder zweistelligen Zahl ist in der altpersischen Numerologie darüber hinaus ein symbolischer Begriff zugeordnet. Die Zahl Dreiunddreißig ist zum Beispiel mit dem Stichwort »Familie« verbunden. Das heißt nun aber nicht, daß im Orakel eine Dreiunddreißig zwingend auf ein Ereignis in der Familie hindeutet, das in naher Zukunft stattfinden wird. Dennoch geben diese Schlüsselworte bei der Ausdeutung ganz brauchbare Hinweise, worauf man sein Augenmerk lenken sollte.

An dieser Stelle sei auch auf die altpersische Traumsymbolik hingewiesen, obwohl sie nicht allzu eng mit der altpersischen Numerologie verwoben ist. Jedoch wurzeln viele Symbole im Volksglauben und können besser verstanden werden, wenn man sie bis zu diesen gemeinsamen Ursprüngen zurückverfolgt (siehe auch mein Buch *»Altpersische Traumsymbole«*, Ariston Verlag).

11
Elf

Der Elf ist symbolisch der (Kleider-)»Stoff« zugeordnet. Es erklärt sich daraus, daß sich die Elf zur Grundzahl Zwei reduzieren läßt, zu deren Charakteristika der Dualismus, die Spannung gehört. Auch in einem Gewebe sind zwei verschiedene Richtungswinkel – der Kett- und der Schußfaden – vereint. Die Elf verkörpert also mehr noch als die Zwei die unterschiedlichen Kräfte, die in jeder Sache wirksam sind.

Die Elf symbolisiert darüber hinaus die glückliche Vereinigung von gegenläufigen Aspekten. Aus einzelnen Fäden entsteht ein großes Ganzes, das wiederum zur Grundlage für etwas Neues wird. Die Elf führt die Zwei insofern weiter, als sie die Extreme konstruktiv verbindet und ihnen so neue Bedeutung schenkt.

Die Elf besitzt schöpferische Kraft – in einem ganz konkreten Sinn. Die Elf im Orakel kann darauf hindeuten, daß man sich »ein neues Kleid schneidert«. Veränderungen der Lebensumstände, wenn auch nicht unbedingt drastische Umwälzungen, mögen bevorstehen. Neue Kleider können neues Ansehen bedeuten, das man sich erwirbt oder das einem zufällt. In jedem Fall ist der Zeitpunkt günstig, etwas zu unternehmen, um andere auf sich aufmerksam zu machen. Ob dies nun Geschäftspartner sind, Menschen, die man als Freunde gewinnen möchte, oder bisher aus der Ferne verehrte Personen des anderen Geschlechts, ergibt sich aus den Zahlen, die die Elf im Orakel begleiten.

Die nach innen und außen wirksame Gestaltungskraft der Elf beruht auf der in ihr doppelt wirksamen Eins, der Zahl des Beginnens. In der Elf stehen zwei starke Einser einer relativ schwachen Zwei gegenüber, so daß ein drohender negativer Einfluß der Zwei wirkungsvoll begrenzt wird.

Die Elf symbolisiert die Möglichkeit, an sich zu arbeiten. Dabei sei man sich der Gefahr bewußt, etwas verfertigen zu wollen, das dem Ausgangsmaterial, dem »Stoff«, nicht angemessen ist. Man kann aus Seide keine derbe Arbeitskleidung herstellen und aus Jute kein fließendes Festtagsgewand. Auch sollte man sich davor hüten, den Stoff vorschnell zu zerschneiden. Erst wenn man genau weiß, was man daraus schneidern will, setze man die Schere an. Dann wird das Werk gelingen.

12
Zwölf

Zur Zwölf gehört das »Sehen«. Es entspricht der Phantasie, die der Drei, auf die sich die Zwölf reduzieren läßt, zugeordnet ist. Phantasie heißt Sehen von Dingen, die anderen noch oder für immer verborgen sind. Phantasie ist meist mit einer ausgeprägten bildlichen Vorstellungskraft verknüpft. Sehen – im wörtlichen wie im übertragenen Sinn – ist eine der wichtigsten Voraussetzungen für das Weiterkommen auf dem eigenen Weg.

Die Zwölf führt weiter, was in der Drei angelegt ist. Während bei der Drei die Überwindung der Gegensätze im Vordergrund steht, betont die Zwölf mehr das Aufspüren eines Weges zwischen den Gegensätzen hindurch. Sehen heißt auch, Spuren zu erkennen und ihnen zu folgen.

Der Zwölf kommt visionäre Kraft zu. Die Zwölf im Orakel weist oft darauf hin, daß Dinge sichtbar werden, die bisher verborgen blieben. Das kann bedeuten, daß die Situation, in der man sich befindet, plötzlich mit anderen Augen gesehen wird. Man kann ebenso überraschend ein Detail entdecken, das man bisher nicht zur Kenntnis genommen hat und das das Bild, das man sich bisher von der Situation gemacht hat, grundlegend verändert. Das bewußte Wahrnehmen neuer Fakten oder eines anderen Zusammenhangs ist der erste Schritt zu einer möglicherweise tiefgreifenden Veränderung des Lebens. Eine Zwölf im Orakel kann aber auch – weniger dramatisch – einfach darauf hinweisen, daß man genauer hinsehen muß.

In der Zwölf verbinden sich Eins, Zwei und Drei: das Vorausschauende der Eins mit der Polarität der Zwei und der Phantasie der Drei. Der starke Einfluß zweier so positiver Zahlen wie Eins und Drei verleiht der Zwölf eine sehr günstige Gesamtbedeutung.

Zwölf und »Sehen« – das weist auf die Chance hin, eine neue Sicht der Dinge zu gewinnen, im Kleinen wie im Großen. Es besteht allerdings auch die Gefahr, den Blick starr auf Einzelheiten zu richten und den Überblick zu verlieren oder den Blick unstet schweifen zu lassen und nur ein unscharfes Bild der Sache zu gewinnen. Beiden Gefahren kann man aber durch »umsichtiges« Verhalten aus dem Weg gehen. Sieht man erst wieder klar, findet sich alles Weitere von selbst.

13
Dreizehn

Die Dreizehn symbolisiert »Tränen«. Sie ist im alten Pars keine Unglückszahl wie im westlichen Kulturkreis, aber auch keine ausgesprochene Glückszahl. Reduzierbar auf die Vier, hat sie viel von der Schwermut, die für diese Zahl kennzeichnend ist. Aber die Vier ist auch eine Zahl, die gleichzeitig für Kraft und Ordnungsvermögen steht. Dies kommt im Symbol der Tränen zum Ausdruck. Ob Tränen der Trauer oder Freudentränen: Weinen kann Erleichterung verschaffen und Gefühle klären.

In der Dreizehn zeigt sich die ordnende Kraft des Innehaltens. Nach der Zwölf, der Zahl des Sehens, ist die Dreizehn die Zahl des verschleierten Blicks, des Schauens nach innen. Mit Tränen in den Augen kann man nicht unbekümmert weiterlaufen. Man muß für einen Moment zur Ruhe kommen.

Der Dreizehn wird eine klärende, reinigende Wirkung zugeschrieben. Im Orakel deutet eine Dreizehn darauf hin, daß lange Aufgestautes sich einen Weg nach außen bahnen will. Die Dinge kommen, wenn auch zunächst nur langsam, wieder in Fluß. Tränen lösen blockierte Gefühle. Läßt man seinen Tränen freien Lauf, heißt das, sich der Macht des eigenen Unterbewußtseins zu überlassen. So werden Regungen zutage gefördert, die man lange unterdrückt hat. So schmerzlich dieser Prozeß des Herauslassens auch sein mag, er ist von großer Heilkraft. Die Dreizehn weist darauf hin, daß es an der Zeit ist, in sich hineinzuhorchen. Ist das, was man tut, wirklich das, was man will?

Zusammengesetzt aus der Eins, der Zahl des Beginnens, und der vermittelnden Drei, ist die Dreizehn die Zahl der Suche nach dem Dialog mit der eigenen Seele. Die Trauer kann überwunden werden, wenn man nicht vergißt, daß neben der oft schwermütigen Vier die heitere Drei und die nach Verausgabung strebende Eins in der Dreizehn wirksam sind.

Die Gefahren, vor denen die Dreizehn warnt, sind offensichtlich. Mit Tränen in den Augen ist man für einen Moment fast blind. Alles, was man sieht, wirkt verzerrt und ins Groteske übersteigert. Dabei ist es unerheblich, ob es die Tränen der Freude oder der Trauer sind, die den Blick trüben. Für den Augenblick kann es hilfreich sein, sich seinen Gefühlen zu überlassen und ihnen Ausdruck zu geben. Aber man darf nicht vergessen, die Tränen bald zu trocknen und den Blick wieder nach vorn zu richten – erleichtert, gefaßt und mit neuem Mut.

14
Vierzehn

Das der Vierzehn zugeordnete Schlüsselwort heißt »Wein«. Damit kommt zum Ausdruck, daß in der Vierzehn die starken Kräfte der Fünf, der Zahl der Lebensfreude und der Sinnlichkeit, wirksam sind. Die Unbekümmertheit der Fünf beruht auf dem Ignorieren bestehender Ordnungen. Wie in einem Rausch werden die Dinge plötzlich leicht, und wie beim Rausch ist die Ernüchterung unvermeidlich. Die Vierzehn verkörpert das Bedürfnis nach Leichtigkeit und Lebenslust.

Vierzehn ist die Zahl des ritualisierten Ausstiegs aus der Wirklichkeit. Wie der Wein, mit Bedacht genossen, ein Hilfsmittel sein kann, den Geist zu beflügeln, drückt sich in der Vier das Verlangen aus, vorübergehend vom Zustand der Schwerelosigkeit zu kosten, um danach wieder auf den Boden der Tatsachen zu gelangen.

In der Vierzehn ist das alte Wissen um die befreiende Kraft des Rausches enthalten. Die entwickelte Festkultur im alten Pars wußte von jeher, sich die Gaben des Weines zunutze zu machen. Im streng geordneten Ablauf des Rituals hatte der gemeinsam genossene Trunk seinen festen Platz. Im Orakel weist die Vierzehn darauf hin, daß es an der Zeit ist, »sich gehenzulassen«. Vielleicht hat man zu lange die Freuden des Lebens vernachlässigt, zu sehr mit Blick auf eine vermeintlich bessere Zukunft gelebt und dabei vergessen, den Augenblick als das wahrzunehmen, was er ist: ein kostbares, unwiederbringliches Geschenk. Die Vierzehn erinnert daran, daß das Leben nicht nur Arbeit und Mühsal ist.

Daß die Vierzehn, im Gegensatz zur Fünf, die Lebenslust nicht aus sich selbst heraus, sondern nur mit Hilfe der berauschenden Kraft des Weines gewinnt, ergibt sich aus der in ihr wirksamen Vier, die für Schwermut wie für Ordnung steht. Die Ordnung droht übermächtig zu werden, und man möchte ausbrechen, bevor sie einen erstickt. Die Eins in der Vierzehn zeigt die Wirkung, daß sie die Verausgabung im Rausch fördert und unterstützt.

Die Vierzehn ist ein Hinweis auf die Notwendigkeit, von Zeit zu Zeit die Normen abzuschütteln, um sie hinterher um so bewußter wieder anzuerkennen. Die Gefahr liegt auf der Hand: Man findet zuviel Geschmack am »Wein«, schätzt den Rausch nicht als die Ausnahme, sondern läßt ihn zur Regel werden. Damit macht man sich zum gesellschaftlichen Außenseiter, der seinen Platz im Alltag nicht mehr findet. Erst wenn man die richtige Balance zwischen Rausch und Ernüchterung gefunden hat, kann man sich dem Genuß – des Weines wie des Lebens – wirklich hingeben.

15
Fünfzehn

Mit der Fünfzehn ist der Begriff »Schlaf« verbunden. Die Fünfzehn reduziert sich zur Sechs, der Zahl des geschlossenen Raumes und der Häuslichkeit. Wer schläft, bedarf der Ruhe und Abgeschiedenheit und zieht sich von der Betriebsamkeit der Welt zurück. In der Fünfzehn kommt mehr noch als in der Sechs das Verlangen zum Ausdruck, der Rastlosigkeit und der Hektik des Lebens zu entfliehen.

Die Fünfzehn steht für die Perioden, in denen man neue Kräfte sammelt. Ohne Schlaf wird man im wahrsten Sinne des Wortes binnen kurzem verrückt. Ruhe und Besinnung sind notwendig, um mit seinen Kräften haushalten zu können. Versagt man sich aus Furcht, etwas zu verpassen, die Phasen der Zurückgezogenheit, entsteht bald das Gefühl einer unendlich großen Müdigkeit, vielleicht sogar des Lebensüberdrusses.

Im Orakel weist die Fünfzehn auf die Notwendigkeit einer Pause hin. Ist man schöpferisch tätig, sollte man versuchen, sich neuen Eindrücken zu öffnen. Arbeitet man in dienender Stellung, ist es an der Zeit, wieder mehr an sich selbst zu denken. Vielleicht hat man nicht bemerkt, wie sehr man sich in der Betriebsamkeit des

Alltags verausgabt hat. Jedenfall ist es ratsam auszuruhen, um nicht das innere Gleichgewicht zu verlieren. Wie bei der vorhergehenden Zahl Vierzehn, die das ausgewogene Verhältnis von Rausch und Nüchternheit symbolisiert, stehen auch bei der Fünfzehn Schlafen und Wachen in einer Wechselwirkung. Die Balance zwischen kräftezehrender Arbeit und kraftspendender Ruhe ist gefährdet. Man muß versuchen, sie neu zu finden.

Auch in der Fünfzehn ist die Fünf mit ihrem Einfluß wirksam. Man sollte darauf achten, daß man von der Unordnung immer wieder zur Ordnung zurückkehrt. Der Einfluß der Eins auf die Fünfzehn ist weniger ausgeprägt. Es ist nicht so sehr die Kraft des Beginnens als vielmehr die Gefahr des Verausgabens, die hier zum Tragen kommt.

Bei der Fünfzehn liegen positive und negative Deutungsmöglichkeiten nah beieinander. Schlaf und Traum können Quelle der Kraft und der Einsicht sein, aber auch – im Alptraum – zu einem Zustand werden, den man am liebsten meiden würde, wenn man nur könnte. Die Fünfzehn ist immer ein Hinweis auf ein gefährdetes Gleichgewicht. Man ist aufgefordert, die Dinge im Leben neu zu bewerten und seine Bedürfnisse neu zu gewichten – bevor es zu spät ist und man vom Schlaf der Erschöpfung übermannt wird.

16
Sechzehn

Mit dem ihr zugeordneten Begriff der »Geburt« verweist die Sechzehn sehr stark auf die Sieben, die Zahl der Reife und der Vollendung. Wie mit der Geburt nach der langen Zeit der Schwangerschaft das irdische Leben eines Menschen beginnt, so verkörpert sich in der Sechzehn ein bedeutsamer Anfang, der sich lange zuvor angekündigt hat und der mit Spannung erwartet wurde.

Wie zur Geburt die Empfängnis gehört, ist der Sechzehn als Nebenbedeutung die Fruchtbarkeit zugeordnet. Neues entsteht zunächst im verborgenen, wächst langsam und unmerklich, bis es sich im Moment der Geburt seinen Platz im Leben erkämpft. So wie eine Geburt bis zur völligen Erschöpfung anstrengen kann, trägt auch die Sechzehn die Strapaze in sich, die aber nicht umsonst unternommen wird.

Mit einer Geburt tritt etwas Neues in die Welt: ein Lebewesen, eine Idee, ein künstlerisches Werk. Alles, was Menschen erschaffen, kann unter dem Aspekt der Geburt betrachtet werden. So wie die Geburt einer der anstrengendsten Momente im Leben ist, ist das Erschaffen von etwas Neuem stets ein kräftezehrender

Prozeß. Die Sechzehn im Orakel kann entweder darauf hinweisen, daß man seine Kräfte sammeln soll, weil sich etwas Neues ankündigt. Oder aber sie bedeutet den bevorstehenden Abschluß einer Angelegenheit, mit der man sich lange beschäftigt hat. Je nachdem, ob eine Frau oder ein Mann Rat sucht, kann vor allem die Sechzehn sehr verschieden interpretiert werden. Aber sowohl der Mann als auch die Frau sollten sich fragen, ob die Sechzehn nicht auch im Sinn eines uneingestandenen Kinderwunsches zu deuten ist.

In der Sechzehn wirkt die Sechs auf verschiedene Weise. Die Zeit, die einer Geburt vorausgeht, wird in Zurückgezogenheit verbracht. Eine tatsächliche oder symbolische Schwangerschaft bewirkt, daß man sich in Ruhe auf das Neue vorbereitet. Auch der Aspekt des materiellen Wohlstandes, der mit der Sechs verknüpft ist, wird in der Sechzehn wirksam. Ein Kind galt früher und gilt auch heute noch in manchen Gegenden als die beste Altersversorgung seiner Eltern. Daß die Eins als Zahl des Beginnens fast schon gleichbedeutend ist mit Geburt, bedarf eigentlich keiner besonderen Hervorhebung.

Obwohl die Sechzehn im Orakel eine überwiegend positive Bedeutung hat, sei doch auf den negativen Aspekt hingewiesen, der besonders im Zusammenhang mit anderen Zahlen des Orakels zum Vorschein kommen kann. Eine Geburt ist immer mit einem nicht unerheblichen Risiko verbunden, sowohl für die Mutter als auch für das Kind. Ob beide die Strapazen gesund überstehen, wird sich erst nach einer Weile zeigen. Man achte deshalb genau auf mögliche ungünstige Vorzeichen und richte sich danach.

17
Siebzehn

»Bruderzwist« ist das der Siebzehn zugeordnete Stichwort, was auf den ersten Blick verwundern mag, wenn man sich die mit der Siebzehn verbundenen Zahlen Eins, Sieben und Acht näher betrachtet. Sind die Eins und die Sieben, aus denen die Siebzehn zusammengesetzt ist, zwei in ihrer Stärke gleichwertige Zahlen – mit den zugeordneten Begriffen »Dialogbereitschaft« (Eins) und »Empfindsamkeit« (Sieben) –, tritt aus dem Kraftfeld der Acht, zu der sich die Siebzehn reduzieren läßt, vor allem der Aspekt der ewigen Wiederholung in den Vordergrund.

Die Siebzehn symbolisiert die kaum je spannungsfreie Beziehung zwischen zwei Brüdern, die zwar verschieden, einander aber doch ebenbürtig sind. Die Tragik von Brüdern liegt darin, daß sie nicht unbefangen aufeinander zugehen können, weil sie zuviel voneinander wissen. Sie kennen auch ihre Schwächen gut genug, um jeden Seitenhieb zu einem Treffer werden zu lassen.

Vordergründig betrachtet ist die Siebzehn eine negativ zu deutende Zahl. In ihr kommt das ständige Ringen zweier Kräfte zum Ausdruck, von denen aber keine siegen wird: nicht nur, weil keine der anderen an Stärke voraus ist, viel mehr noch, weil keine der beiden es zulassen würde, daß die andere im Kampf unterliegt. Wie zwei Brüder, die sich niemals wirklich bis aufs Messer bekriegen würden, weil das, was sie verbindet, mächtiger ist als das, was sie trennt. So steht die Siebzehn als ein Symbol für die widerstreitenden Seelen, die jeder Mensch in seiner Brust vereint. Im Orakel kann sie hinweisen auf einen kommenden Konflikt, den man nur mit sich selbst auszutragen hat, auf einen Zwiespalt, in dem man sich befindet und der zunächst unlösbar erscheinen mag.

Andererseits trägt die Siebzehn auch die positiven Aspekte ihrer Grundzahlen in sich: die Vollkommenheit der Eins, die Weisheit der Sieben und das Durchhaltevermögen der Acht. Der Konflikt ist mit Geduld und Umsicht zu lösen, wenn man sich auf die Kraft besinnt, die frei wird, wenn sich zwei gleich starke Komponenten verbinden.

Je nachdem, in welchem Zahlenumfeld die Siebzehn erscheint, kann aus dem Bruderzwist eine konstruktive Auseinandersetzung mit dem Gegenüber entstehen. Die Aufgabe, auf die das Orakel hinweisen will, besteht darin, sich auf die gemeinsamen Wurzeln auch widerstreitender Interessen zu besinnen. Erst wenn man einsieht, daß man sich manche Dinge genausowenig aussuchen kann wie den eigenen Bruder, kann der eigene Weg unbeschwert vom Ballast der Vergangenheit beschritten werden.

18
Achtzehn

Mit der Achtzehn wird der Begriff »Sonne« verbunden. Die Achtzehn enthält die Eins, die Zahl des Beginnens, und als Quersumme die Neun, die Zahl des guten Ausgangs einer Sache. Die Acht steuert die Aspekte der großen Kraft sowie der ewigen, unbeirrbaren Wiederholung bei. Alle drei Grundzahlen fügen sich zu einem Symbol der Lebenskraft zusammen. Von der Achtzehn gehen, wie von der Sonne, wärmende Strahlen aus, die den Lebensmut stärken.

Die Achtzehn wirkt als überwiegend positive Zahl. Obwohl sie eine gerade Zahl ist und damit weiblich, hat sie nichts Passives an sich. Das Weibliche drückt sich in ihrer fast unbegrenzten Fähigkeit, Leben zu geben und zu erhalten, aus. Aber wie bei der ihr vorausgehenden Siebzehn kommt es auch bei der Achtzehn darauf an, das Orakel vielschichtig zu deuten und sich nicht mit der nächstliegenden, vordergründigen Interpretation zufriedenzugeben.

In der Achtzehn kann – wenn auch zunächst sehr gut verborgen – ein großer zerstörerischer Anteil enthalten sein. Wie ja auch die Sonne nicht nur Wärme und Leben spendet, sondern zu versengen und fruchtbares Land in eine Wüste zu verwandeln vermag. Im Orakel deutet die Achtzehn auf große Stärke hin, die zum eigenen Vorteil eingesetzt werden kann. Das Leben des Ratsuchenden scheint sich in einer Phase ungehinderten Wachstums zu befinden. Die Zeit begünstigt alle Arten von Unternehmungen, seien sie geschäftlicher oder privater Natur. Hierbei gilt es aber abzuwägen, ob jedes Unternehmen, das machbar erscheint, deshalb auch realisiert werden muß. Die Gefahr ist groß, die eigenen Kräfte zu überschätzen, die nach altpersischer Auffassung ja nur geliehen sind und genauso schnell genommen werden können, wie sie gegeben wurden.

Im Zeichen der Achtzehn kann es passieren, daß man unmerklich beginnt, sich nur noch um sich selbst zu drehen. Das Gefühl von Macht, das diese Zahl fördern kann, läßt den Blick für die Umgebung unscharf werden. Hieraus leitet sich ein Teil der von der Achtzehn ausgehenden Gefahr ab. Wer sich selbstherrlich als Zentrum der Welt begreift, mißachtet die berechtigten Interessen der anderen und ist vielleicht schon bald das Ziel einer Intrige.

Doch die Achtzehn wirkt sich meist positiv aus. Ist man sich ihrer Fallstricke bewußt und lernt man, ihre Gefahren zu meistern, kann der Einfluß der Achtzehn ein überaus gedeihlicher sein. So wie man instinktiv zuviel Sonne meidet, sollte man sich zurückziehen, wenn man spürt, daß die Achtzehn den Machthunger anstachelt und man sich zu sehr am schnellen materiellen Erfolg orientiert. Dann nutze man die verliehene Kraft, ohne sich von ihr verzehren zu lassen.

19
Neunzehn

Der mit der Neunzehn verbundene Begriff ist »Metall«. Das Beginnen und das Vollenden der Eins und der Neun sowie die neue Ordnung der Zehn vereinigen sich in ihr. Metall als beliebig verformbares Material in den Händen derer, die es zu bearbeiten verstehen, ist ein Symbol für die Wandelbarkeit aller äußeren Formen. Wie sich zwischen Eins und Neun, überhöht durch die Zehn, die ganze Fülle des Zahlenkreises entfaltet, birgt Metall die unerschöpfliche Vielfalt vom rohen Erz bis zum kostbaren Schmuck in sich.

Die Neunzehn symbolisiert die Geschmeidigkeit, aber auch den Wert des Lebens, der sich oft nicht auf den ersten Blick offenbart. Wie Metall, das auf jeder Stufe der Bearbeitung an Wert gewinnt, ist die Neunzehn Ausdruck dafür, daß ein Leben gestaltet werden muß, um in seinem ganzen Reichtum ausgekostet zu werden.

Die Neunzehn ist eine positive Zahl. Bis auf ganz seltene Ausnahmen verspricht sie im Orakel einen glücklichen Ausgang von Projekten sowie eine notwendige und fruchtbare Weiterentwicklung auch in einer zunächst aussichtslos erscheinenden Situation.

Wie Metall in seiner Substanz nicht wirklich zerstört werden kann – mag es auch die absonderlichsten Verformungen erfahren –, so deutet die Neunzehn darauf hin, daß der Mensch unter ihrem Einfluß im Kern derselbe bleibt, auch wenn er die härtesten Prüfungen zu bestehen hat. Ein von der Neunzehn beeinflußter Mensch besitzt die Gabe, aus seinen Erfahrungen wirklich Gewinn zu ziehen. Kaum jemals wird er einen Fehler ein zweites Mal machen.

Die in der Neunzehn zusammenfließende Kraft der Eins und der Neun führt das Leben auf den richtigen Weg, und sie treibt es voran – daran gibt es gar keinen Zweifel. Die mit der Zehn angedeutete neue Ordnung weist darauf hin, daß der alte Zyklus auf angemessene Weise vollendet wurde. Denn aus einer noch nicht abgeschlossenen Sache kann nichts Neues entstehen. Die Entwicklung wird in jedem Fall eine positive sein.

Wie Metall, das nie mehr in den Urzustand zurückkehrt, nachdem es aus dem Erz gewonnen wurde, fällt auch ein Mensch unter dem Einfluß der Neunzehn nicht wieder in alte, abgelegte Gewohnheiten zurück. Die Neunzehn ist eine der seltenen Zahlen, deren Schwingung kaum Negativität in sich birgt. Deshalb sind Menschen, die unter ihrem Einfluß stehen, oft gesuchte Lehrer und Berater für andere, weniger begünstigte Menschen.

20
Zwanzig

Der Zwanzig wird das Schlüsselwort »Eis« zugeordnet. Darin drückt sich etwas Seltenes, Geheimnisvolles aus. Die in der Zwanzig enthaltene Zwei, verbunden mit der Zehn (die Null hat in der altpersischen Numerologie keine Bedeutung), beinhaltet Paradoxie und Neuordnung. Auch Eis hat etwas Paradoxes: Es ist verfestigtes Wasser. Das Fließende des Wassers ordnet sich im Eis zu einer neuen, harten und gleichzeitig vergänglichen Form.

Die Zwanzig ist, in viel stärkerem Maße als die Zwei, die Zahl der Spannungen, des Pendelns zwischen den Extremen. Wie im Eis das Wasser als Inbegriff des sich stetig Wandelnden vorübergehend eine neue Form annimmt, so schafft die Zwanzig Momente der Erstarrung, in denen Altbekanntes völlig neu gesehen werden kann.

Die Zwanzig ist wie die Zehn eine besondere Zahl. Sie markiert eine Grenzsituation. Sie steht zwischen zwei Parteien, besitzt zum Teil deren Eigenschaften, ohne jedoch einem der beiden Pole wirklich anzugehören. Sowohl als Wesens- als auch als Orakelzahl ist die Zwanzig deshalb nicht ganz einfach zu deuten.

Immer müssen zusätzliche Zahlen zur Interpretation herangezogen werden. Zweifellos weist die Zwanzig auf einen Stillstand hin. Er wird dann zur ernsten Gefahr, wenn er nicht mehr aufgelöst werden kann. Als Moment des Innehaltens und Nachdenkens begriffen, ist ein kurzfristiger Stillstand jedoch etwas sehr Positives. Wer wünschte nicht manchmal, die Zeit anhalten zu können?

Als Orakelzahl zeigt die Zwanzig die Möglichkeit an, einen Augenblick des Genusses zu verlängern oder eine Situation in allen Einzelheiten auszukosten. Hat man das Gefühl, in einer unangenehmen Lage blockiert zu sein, hilft die Zwanzig, die Erstarrung zu lösen – auch Eis ist nur unter extremen Bedingungen dauerhaft. Das Ende des »Eingefrorenseins« wird durch den in der Zwanzig enthaltenen Anteil der Zehn herbeigeführt. Dabei darf nicht vergessen werden, daß eine neue Ordnung immer auch neue Gefahren in sich birgt.

Die Gefahr des Stillstands droht jedoch erst dann, wenn die Zwanzig mehrmals hintereinander als Orakelzahl ermittelt wurde. Es ist dann ein Zeichen dafür, daß die Erstarrung in eine Lähmung überzugehen droht. Dann sollte man sich unbedingt der Wärme zuwenden, die Nähe anderer Menschen suchen, das Feuer der Leidenschaft in sich entfachen. Von Zeit zu Zeit jedoch kann es sehr wohltuend sein, sich der Kühle des Eises auszusetzen.

21
Einundzwanzig

Der Einundzwanzig ist der Begriff des oder der »Geliebten« zugeordnet. Wie sich in der Einundzwanzig die Eins, die Zwei und die Drei vermählen, verkörpert der oder die Geliebte die vollkommene Ergänzung. Mit ihm oder ihr ist die Überwindung des Dualismus der Geschlechter möglich – wenn auch nur für Momente, so doch immer wieder aufs neue. Die der Zwei eigene Spannung führt dazu, daß die Anziehungskraft bestehenbleibt.

Die Einundzwanzig symbolisiert den Augenblick des unbeschwerten Glücks, das noch von keiner Verstimmung getrübt ist. Wie die Gegenwart des geliebten Wesens in einem Menschen alle positiven Kräfte freisetzt, wirkt auch die Einundzwanzig stimulierend und spornt zu ungeahnten Leistungen an.

Die Einundzwanzig gehört zu den schöpferischen Zahlen. Im Orakel kommt ihr die Bedeutung zu, große Freude anzukündigen. Das muß nicht immer gleich ein Liebesabenteuer sein, wie ja allgemein empfohlen wird, die den Zahlen zugeordneten Begriffe nicht allzu wörtlich zu nehmen. Hier kann auch gemeint sein, daß man die neu erwachte Liebe zum Leben in sich spürt, zum Beispiel die wiedergefundene Lebenslust nach einer langen Krankheit oder nach einer Periode der Mißerfolge und Niedergeschlagenheit. In jedem Fall ist die Einundzwanzig ein Hinweis darauf, die eigene Wahrnehmung zu überprüfen. Hat man die Fähigkeit, das Leben mit den Augen eines Liebenden zu sehen, allzulange brachliegen lassen oder sie gar verlernt?

Beim Zusammenspiel der Eins, Zwei und Drei in der Einundzwanzig besteht eine – minimale – Gefahr, daß sich die negativen Aspekte der Zwei – die Neigung zu Spannungen, die nicht immer fruchtbar sind – in den Vordergrund drängen. Man sollte wachsam sein und Auseinandersetzungen aus dem Weg gehen und sie keinesfalls herbeiführen, um die eigene Stärke zu demonstrieren. Verliebte tragen außerdem oft eine rosarote Brille, und die Gefahr, die Dinge nicht in der wünschenswerten Klarheit zu erkennen, ist ebenfalls durchaus gegeben.

Im allgemeinen aber ist die Einundzwanzig eine Glückszahl, oft in dem ganz konkreten Sinn, daß sie eine dauerhafte, erfüllte Liebe ankündigt, die vom Gegensatz der Geschlechter lebt, den sie auf kreative Weise vereinen kann.

22
Zweiundzwanzig

Daß sich mit der Zweiundzwanzig der Begriff »Gewitter« verbindet, ist nicht verwunderlich, wenn man sich die Zahlen betrachtet, die in ihr wirksam sind: zweimal die Zwei und die Vier. Wie immer, wenn die Zwei doppelt auftritt, macht sich ihr negativer Einfluß deutlicher bemerkbar als ihr positiver. Die in der Zwei angelegten Spannungen kommen in der Zweiundzwanzig geballt zur Entladung – eben in einem Gewitter.

Die Zweiundzwanzig steht aber auch in Verbindung mit der Vier, die hier vor allem ihren schwermütigen Aspekt einbringt. Die düstere Stimmung, die einem Gewitter vorausgeht, und die Kraft, mit der es niedergeht – das ist der Einfluß der Vier. Wie ein Gewitter bringt die Zweiundzwanzig entweder Verwüstung oder Klärung mit sich.

Die Zweiundzwanzig ist eine machtvolle Zahl, und diese Macht kann unheilvoll sein. Taucht diese Zahl im Orakel auf, muß man wachsam sein und die atmosphärischen Veränderungen genau beobachten. Nur so kann man sich vor der elementaren Wucht dessen, was sich da zusammenbraut, schützen. Dann kann man von der reinigenden Kraft des Gewitters profitieren. Was immer an Konflikten in der Luft liegen mag, die Zweiundzwanzig wird sie zum Ausbruch bringen. Lange bestehende Mißhelligkeiten können endlich aus der Welt geschaffen werden. Und wenn es dabei auch heftig zugeht, so wäre eine Verlängerung der unerträglichen Situation doch das größere Übel. Man sei allerdings darauf bedacht, sich nicht schutzlos den Elementen auszuliefern.

Eine Zweiundzwanzig im Orakel kann auf eine bevorstehende Trennung hinweisen, die unvermeidlich geworden ist. Das schafft den Raum für einen Neuanfang. Man muß sich nur vorsehen, daß man nicht einer düsteren Weltuntergangsstimmung verfällt, denn dann läßt der Regen, der neben Blitz und Donner zu einem Gewitter gehört, Dinge wachsen, die nicht erwünscht sind.

Auch wenn die Zweiundzwanzig eine eher unheilverkündende Zahl zu sein scheint, besteht kein Anlaß zur Sorge. Wie bei allen anderen Orakelzahlen auch kommt es bei der Zweiundzwanzig besonders darauf an, die Vorzeichen richtig zu deuten, die Gefahr der Situation nicht zu unterschätzen und sich entsprechend vorsichtig zu verhalten. Man lasse sich nicht von Angst überwältigen, sondern sei zuversichtlich, daß die Wolken sich verziehen werden. Ein Gewitter kann auch ein überwältigendes Naturschauspiel sein, und schon oft hat ein Blitz überraschende Einblicke in tiefstes Dunkel gewährt.

23
Dreiundzwanzig

Mit der Dreiundzwanzig verbindet sich der Begriff »Liebe«. Es ist die spezifische Verknüpfung der Zwei, der Drei und der Fünf, die hier wirksam wird. Die Zwei und die Drei stehen unmittelbar nebeneinander und vermählen sich zur Fünf. Das heißt, positive Spannungen werden aufgebaut, Gegensätze werden zu einer Synthese geführt. Die Wahl des Partners steht unter günstigen Vorzeichen, alles deutet darauf hin, daß sich zwei Menschen harmonisch ergänzen.

In der Dreiundzwanzig kommt zum Ausdruck, daß das Leben in der Liebe seine höchste Erfüllung findet. Die Zwei und die Drei stehen in der richtigen Reihenfolge; aus den Gegensätzen heraus entwickelt sich eine Anziehungskraft, die den Reiz des Neuen mit der Dauerhaftigkeit verbindet.

Die Dreiundzwanzig im Orakel deutet zwar in erster Linie auf eine sich neu entwickelnde Liebesbeziehung hin. Es kann aber ebensogut sein, daß eine bestehende Liebe inniger wird. Aber auch wenn die Dreiundzwanzig nicht im Hinblick auf eine Liebesbeziehung gedeutet werden kann, geht es bei dieser Zahl doch immer um tiefe Gefühle für einen anderen Menschen, nie um

Macht oder Geltungsbedürfnis. Ein erfolgreicher Unternehmer wird vielleicht seine Geschäftspartner mit anderen Augen sehen, nachdem ihm das Orakel eine Dreiundzwanzig gebracht hat. Ein Lehrer wird seinen Schülern mit mehr Verständnis begegnen. Oder es tritt in einem Eltern-Kind-Konflikt die entscheidende Wende ein, die die Spannungen beseitigt.

Das Zusammenwirken der Zwei, der Drei und der Fünf ist so stark, daß eine bestehende oder sich neu entfaltende Beziehung entscheidende Impulse erhält. Besonders die Zwei bringt hier nur ihre positiven Eigenschaften ein. Die Drei und die Fünf sind ohnehin besonders günstige Zahlen. Wem das Orakel eine Dreiundzwanzig bringt, der darf auf eine äußerst positive Entwicklung seines Lebens hoffen.

Die einzige Gefahr, vor der hier gewarnt werden muß, ist die Nachlässigkeit. Es genügt nicht, sich auf die Zahlen zu verlassen. Gerade in einer Liebesbeziehung ist Passivität oft von Nachteil. Eine erfüllte Liebe ist nicht ohne eigene Anstrengung zu gewinnen. Das Glück, vor allem das Liebesglück, kommt zu denen, die es sich verdient haben. Gute Zahlenaspekte schaffen die Voraussetzung, das eigene Bemühen muß hinzukommen.

24
Vierundzwanzig

Der dieser Zahl zugeordnete Begriff »Ernte« verweist wieder in besonderem Maß auf die einzelnen Zahlen, die in der Vierundzwanzig wirksam sind: die Zwei, die Vier und die Sechs. Hier ist es vor allem der Aspekt der Häuslichkeit, des materiellen Wohlstands der Sechs, der zusammen mit der Ordnung der Vier die »Ernte« einbringt. Der Einfluß der Zwei beschränkt sich auf ihren Aspekt des Dualismus, in diesem Fall den von Säen und Ernten.

Die Vierundzwanzig ist im allgemeinen eine Zahl der Sicherheit. Ist die Ernte eingebracht, kann man dem Winter getrost entgegensehen. Nur in Ausnahmefällen, wenn andere Umstände ungünstig wirken, kann es sein, daß die Vierundzwanzig eine negative Bedeutung bekommt. Sie ist dann so zu deuten, daß man sich erst um die Ernte bemühen muß, bevor man sich beruhigt zurücklehnen kann.

Die Vierundzwanzig weist in der Regel darauf hin, daß es nun an der Zeit ist, die Früchte der Arbeit zu genießen. Bevor man neue Projekte in Angriff nimmt, sollte man eine Weile zur Ruhe kommen und auch feiern, so wie man es zu Erntedank tut. Alles im Leben hat seine Zeit, das ist die Botschaft der Vierundzwanzig. Die Ernte ist der Moment, über das vergangene Jahr nachzudenken, zu überlegen, was gut und was schlecht war. Was kann man beim nächsten Mal besser machen; wie kann man sich künftig gegen mögliche Schäden wappnen? Das Erntefest gibt die Gelegenheit, Rückschau zu halten und die Zukunft zu planen. Man wird einen Teil der Ernte beiseite legen, um im nächsten Jahr wieder säen zu können. Im übertragenen Sinn heißt das, daß man seine Kräfte einteilen muß, damit man sich nicht vorzeitig verausgabt.

Auch wenn ein negativer Aspekt bei keiner Zahl ausgeschlossen werden kann, im Fall der Vierundzwanzig ist er von untergeordneter Bedeutung. Die Warnung, die das Orakel unter ungünstigen Umständen anspricht, kommt früh genug, um das Unglück noch abzuwenden. Man widme sich seiner Arbeit mit aller Konzentration, dann wird man mit allen auftretenden Schwierigkeiten fertig werden.

Die Vierundzwanzig kann auch ein Hinweis darauf sein, daß es an der Zeit ist, für unvorhergesehene Notfälle Vorsorge zu treffen. Man kann sich nicht immer darauf verlassen, daß man mit ein wenig Glück schon durch das Leben kommt. Allzu große Sorglosigkeit rächt sich oft unverhofft. Wer bisher zur Leichtlebigkeit neigte, sollte sich, wenn die Vierundzwanzig in seinem Orakel auftaucht, darauf besinnen, ob seine Reserven ausreichend sind, und gegebenenfalls Abhilfe schaffen.

25
Fünfundzwanzig

Die der Fünfundzwanzig zugeordnete »Hochzeit« folgt konsequenterweise der »Liebe« der Dreiundzwanzig. Ist es dort die Verknüpfung der Zahlen Zwei, Drei und Fünf, verbinden sich hier die Zwei und die Fünf mit der Sieben zu einer Schwingung, die durch die Begriffe »Dualismus«, »Partnerwahl« und »Vollendung« charakterisiert ist. Eine Hochzeit soll einer Liebe eine dauerhafte Form geben. Sie will reiflich überlegt sein, wenn sie nicht im Fiasko enden soll.

In der Fünfundzwanzig ist es vor allem der dominierende Einfluß der Sieben, der ihr etwas sehr Positives gibt. Zusammen mit der Fünf, die in allen Herzensangelegenheiten von Bedeutung ist, vermag sie einen etwaigen negativen Einfluß der Zwei – die auch die Zahl der Spannungen ist – zu beschränken. Treten Spannungen auf, so werden sie sich positiv auswirken.

Im Orakel ist die Fünfundzwanzig eine Zahl, die die Entschlußfreudigkeit fördert, gleichzeitig aber vor übereilten Entscheidungen warnt. Ihr ist es gegeben, die Gedanken zu klären. Auf einmal erscheinen die Dinge ganz einfach, die Vor- und Nachteile treten deutlich hervor. Man weiß plötzlich, daß das, was man vorhat, richtig ist. Oder man erkennt, daß man sich von einem vermeintlich echten Gefühl hat täuschen lassen, und ist bereit, die notwendigen Konsequenzen zu ziehen. »Hochzeit« im Orakel bedeutet nicht, daß der Fragende demnächst heiraten wird – so simpel liegen die Dinge nicht. Er erlangt jedoch die Gewißheit, daß es an der Zeit ist, eine wichtige Entscheidung zu treffen, und die Sicherheit, daß es die richtige Wahl sein wird.

Die in der Fünfundzwanzig so stark wirksame Sieben ist in diesem Zusammenhang vor allem die Zahl des intuitiven Wissens und der Reife. Eine Phase wird vollendet; neue Verantwortung wird übernommen in dem Bewußtsein, daß man jetzt bereit ist, sie zu tragen. Gerade bei der Fünfundzwanzig ist das Lebensalter des Ratsuchenden von Bedeutung; einem Knaben wird diese Zahl nicht die bevorstehende Heirat ankündigen, wohl aber einen bedeutsamen Entwicklungsschritt.

Die Gefahren bei der Deutung der Fünfundzwanzig liegen darin, sie zu vordergründig zu interpretieren. Wie bei den anderen Zahlen auch werden nicht konkrete Ereignisse der nächsten Zukunft vorausgesagt, sondern Stimmungen oder Schwingungen erfaßt, die der Fragende ausloten muß, wenn er das Orakel richtig verstehen will. Die Fünfundzwanzig vermittelt die Gewißheit, daß der Zeitpunkt für eine gewichtige Entscheidung gekommen ist – wie diese Entscheidung ausfallen wird, liegt ganz allein beim Fragenden selbst.

26
Sechsundzwanzig

Mit der Sechsundzwanzig verbindet sich der Begriff »Gewinn«. Zusammengefügt aus den Zahlen Zwei, Sechs und Acht, ist die Sechsundzwanzig, und mit ihr der »Gewinn«, wie kaum eine andere Zahl wörtlich zu nehmen. Vor allem die Sechs (materieller Wohlstand) und die Acht (verdoppelte Kraft, Erfolg, Geld, Macht), sind hier wirksam. Der Gewinn ist ein mit Händen zu greifender, in erster Linie materieller Zuwachs. Die Zwei (Paradox, Wandel zwischen den Extremen) deutet aber darauf hin, daß Gewinn und Verlust nahe beieinander liegen.

Die Sechsundzwanzig signalisiert ganz klar, daß nun eine Zeit des Darbens und der Einschränkung zu Ende gehen wird. Neue Möglichkeiten, sein Auskommen zu finden, eröffnen sich dem Fragenden. Er wird Wege entdecken, wie er seine Fähigkeiten gewinnbringend einsetzen kann.

Die Sechsundzwanzig ist die Zahl des Auswegs aus einer Zwangslage, aus materieller Not, sei sie unverschuldet oder durch eigene Fehler herbeigeführt. Sie verleiht die Zuversicht und das Durchhaltevermögen, an einer Sache so lange zu arbeiten, bis sie den verdienten Erfolg bringt. Sie mobilisiert Kräfte, die man nicht vermutet hätte. Sie konzentriert die Gedanken auf die Lösung des Problems, das bisher unlösbar erschien. Mit der neuen Zuversicht gewinnt man eine vertrauenswürdige Ausstrahlung. So findet man neue Verbündete und verblüfft seine Feinde, die sich ihres Sieges sicher glaubten.

Die Sechsundzwanzig vermittelt den Glauben an den eigenen Erfolg. Wer ständig mit dem Scheitern seiner Vorhaben rechnet, verschwendet seine Energien. Wer mit klarem Kopf von der Machbarkeit seiner Unternehmungen überzeugt ist, mobilisiert seine Reserven, ohne sich zu verausgaben. Er kann andere leicht für seine Pläne gewinnen und steckt sie mit seiner Tatkraft an.

Die Gefahr ist offensichtlich. Wer glaubt, nun, da ihm das Orakel den Gewinn vorhergesagt hat, werde er sich von allein einstellen, ist einem folgenschweren Irrtum erlegen. Das Glück gehört dem Tüchtigen. Es kommt zu denen, die bereit sind, es sich zu verdienen, nicht zu denen, die darauf warten, daß es ihnen ohne Anstrengung in den Schoß fällt. Auch wenn der ganz große Lotteriegewinn niemals ausgeschlossen ist – man sollte nicht fest damit rechnen, sondern versuchen, sich den Wohlstand zu erarbeiten.

27
Siebenundzwanzig

Der Siebenundzwanzig ist der Begriff »Kunst« zugeordnet. Kunst wird in fast allen Kulturen, so auch bei den Parsen, als der höchste Ausdruck des irdischen Lebens angesehen. Kunst bezeichnet die zur meisterlichen Vollendung geführte Fähigkeit, schöpferisch tätig zu sein. Wahre Kunst weist über die bloße Schönheit weit hinaus, sie kann – wie religiöser Glaube – dem menschlichen Leben tiefen Sinn verleihen.

In der Siebenundzwanzig fließen die Zwei, die Sieben und die Neun zusammen. Die jeweils zugeordneten Begriffe (Zwei: Paradox, Spannung; Sieben: Weisheit, intuitives Wissen, Vollendung; Neun: vorbestimmter Lebensweg) sind, auf die richtige Weise verknüpft, fast schon eine Definition von Kunst. Man kann sich nicht mit Hilfe von Logik und Verstand dazu entschließen, Künstler zu werden; man spürt eines Tages, daß dies die einem gemäße Lebensform ist. Ebenso schicksalhaft kann man sich dem Einfluß der Siebenundzwanzig nicht entziehen.

Die Siebenundzwanzig wirkt auf eine ganz besondere Weise: Sie regt dazu an, genau in sich hineinzuhören und nach der eigenen Bestimmung zu forschen.

Als Orakelzahl schenkt die Siebenundzwanzig den Mut, der nötig ist, seinem Leben die entscheidende Wende zu geben. Man sollte lernen, den eigenen Impulsen zu folgen und nicht die Meinung der Umgebung zur Richtschnur des eigenen Handelns zu machen. Kunst erfordert den Einsatz der ganzen Kraft einer gefestigten Persönlichkeit.

Die Siebenundzwanzig im Orakel weist darauf hin, daß der Zeitpunkt gekommen ist, das Leben als eine Aufgabe zu betrachten, die es zu meistern gilt. Wer nie nachläßt in seinem Bemühen, allen Herausforderungen immer souveräner zu begegnen, wird am Ende voller Stolz auf ein Leben zurückblicken können, das einem Kunstwerk zumindest nahekommt.

Kunst ist das Höchste, das man im Leben anstreben kann. Die Gefahr besteht darin, wirkliche Kunst nicht vom bloßen schönen Schein unterscheiden zu können. Kunst verlangt nicht nach Anerkennung. Sie ist sich selbst genug und wirkt genau deshalb so stark auf den Betrachter. Das Wahre sehen zu lernen, das ist die Aufgabe, die die Siebenundzwanzig dem Ratsuchenden stellt.

28
Achtundzwanzig

Mit der Achtundzwanzig verbindet sich das Schlüsselwort »Auseinandersetzung«. Es mag deshalb auf den ersten Blick scheinen, daß die Achtundzwanzig eine weniger günstige Zahl ist. Das stimmt aber so nicht. Auseinandersetzungen sind zwar manchmal unangenehm, aber notwendig. Ohne Auseinandersetzung – mit Menschen, mit Ideen, mit dem eigenen Lebensplan – gäbe es keine Weiterentwicklung. Sich mit einer Sache auseinanderzusetzen heißt zunächst einmal, den eigenen Standpunkt zu bestimmen.

Die Achtundzwanzig enthält die Gegensätze der Zwei ebenso wie die unendliche Wiederholung der Acht und den Hinweis auf kommende Konflikte der Zehn. Auseinandersetzungen entstehen durch Spannungen zwischen entgegengesetzten Positionen. Das Leben jedes Menschen steuert unweigerlich immer wieder auf den Punkt des Konflikts zu. Und nach einer beigelegten Auseinandersetzung mag der Konflikt für den Moment aus der Welt geschafft sein, aber vielleicht haben sich schon neue Fronten gebildet.

Die Achtundzwanzig kann im Orakel eine äußerst positive Bedeutung haben. Sie kann helfen, eine längst fällige Aussprache herbeizuführen. Bei dieser Gelegenheit wird man den Mut finden, die eigenen Ansprüche zu formulieren und zu verteidigen. Man wird übrigens aus jeder Auseinandersetzung, die unter dem Einfluß dieser Zahl geführt wird, einen Gewinn ziehen. Das heißt nicht unbedingt, daß man selbst als Sieger hervorgeht und der Gegner der Verlierer ist. Oft wird es so sein, daß beide mit dem Gefühl auseinandergehen, etwas gewonnen zu haben. Auch ein klug ausgehandelter Kompromiß kann eine Bereicherung sein.

Eine mögliche Gefahr besteht darin, die Bedeutung dieser Zahl mißzuverstehen. Die Achtundzwanzig weist nicht auf ein günstiges Klima für unnötige Zwistigkeiten hin. Man hüte sich davor, einen Streit vom Zaun zu brechen, nur um eigene Aggressionen auszuleben. Die Achtundzwanzig ist keine Garantie für das Durchsetzen des eigenen Willens wider alle Vernunft. Hat man aber ein berechtigtes Anliegen, sind die Chancen gut.

Auseinandersetzungen – das kann auch eine Herausforderung sein, das eigene Harmoniebedürfnis zu überdenken. Harmonie ist nicht immer ein erstrebenswerter Zustand, wenn damit unterschwellige Mißstimmungen zugedeckt werden. Wer bisher jeder Diskussion aus dem Weg ging, sollte anfangen, sich eine eigene Meinung zu bilden und sie auch zu vertreten. Die Achtundzwanzig kann hier ungeahnte Kräfte freisetzen.

29
Neunundzwanzig

Der zugehörige Begriff »Atmen« symbolisiert den Hauch des Lebens. Der erste eigene Atemzug nach der Durchtrennung der Nabelschnur ist der Moment, in dem das irdische Leben eines Menschen beginnt. Atmen ist der ständige gleichmäßige Wechsel zwischen den beiden entgegengesetzten Bewegungen des Ausdehnens und des Zusammenziehens, zwischen Einatmen und Ausatmen. Man kann zwar für eine gewisse Zeit den Atem anhalten, aber man kann den Atemreflex nicht willentlich ganz ausschalten und beschließen, das Luftholen aufzugeben. Solange man lebt, atmet man.

Die Neunundzwanzig enthält die Zwei und die Neun. Die Zwei ist als Quersumme noch ein zweites Mal enthalten und hat so ein besonderes Gewicht. Sie steht für den Wechsel zwischen zwei Extremen, für den Dualismus, zwischen dessen Polen sich Spannung aufbaut. Die Neun ist die Zahl des Lebensweges, der zwischen dem ersten und dem letzten Atemzug liegt.

Die Neunundzwanzig im Orakel regt dazu an, darüber nachzudenken, was im eigenen Leben so wichtig ist wie die Luft zum Atmen. Worauf könnte man am wenigsten verzichten? Was würde dem Ratsuchenden den Atem nehmen? Was schnürt ihm die Luft ab? Die Neunundzwanzig kann ebenso ein Hinweis auf eine verborgene, bislang nicht als Beeinträchtigung empfundene Einengung sein wie auch ein Zeichen für die vergiftete Atmosphäre in einer wichtigen Beziehung. Man muß sich von dem Druck auf der Brust befreien, um wieder frei atmen zu können. Und ist die Luft erst wieder rein, kann man tief Atem schöpfen und sich mit neuer Kraft an die Bewältigung der anstehenden Aufgaben machen.

Je nachdem, welche anderen Zahlen für den Ratsuchenden noch von Bedeutung sind, wird die doppelte Wirkung der Zwei in der Neunundzwanzig abgeschwächt oder aber noch verstärkt. Wird die Zwei betont, weist sie auf übermäßig starke Spannungen hin, die man möglichst bald aus der Welt schaffen sollte. Tritt die Zwei jedoch eher in den Hintergrund, bedeutet dies gutes Gelingen für Pläne, die man jetzt schmiedet.

Eine Nebenbedeutung der Neunundzwanzig ist die Warnung vor zuviel Fürsorge für andere, besonders für Kinder und Schutzbefohlene. Liebende sollten darauf achten, daß sie sich nicht gegenseitig die Luft zum Atmen nehmen; Eltern sollten ihre Kinder nicht mit Überängstlichkeit erdrücken. Jeder kann nur für sich selbst atmen – das heißt, jeder ist für sein Leben letztlich selbst verantwortlich. Wenn man dies im Hinblick auf sich und andere beherzigt, hat man eine der wichtigsten Voraussetzungen für einen erfolgreichen Lebensweg begriffen.

30
Dreißig

Der Dreißig ist das Stichwort »Frühling« zugeordnet. Das mag auf den ersten Blick verwundern, wenn man an die Dreißig als Lebensalter denkt. Im europäischen Raum verbindet man Frühling mit Jugend, und die Jugend hört nach westlichem Verständnis mit Dreißig auf. Im alten Pars ist der Frühling im wörtlichen wie im übertragenen Sinn die Zeit, in der das Leben in voller Blüte steht. Für den Mann wie für die Frau sind die Dreißiger der Lebensfrühling. Man vermählt sich und gibt das Leben an seine Kinder weiter, ohne schon an das Alter zu denken.

Die Dreißig hebt die Gegensätze auf und ist Schöpferin einer neuen Ordnung. Das wird bewirkt durch die in ihr enthaltene Drei, die für Synthese und Vermittlung steht. Im Verein mit der Zehn, die ja die Zahl der Ehe ist, wird ein deutlicher Hinweis darauf gegeben, daß es nun an der Zeit ist, sich ein eigenes Heim zu schaffen.

Die Dreißig ist eine Zahl des Wachsens und Blühens. Sie hat als Orakelzahl in verschiedenen Lebensaltern naturgemäß jeweils eine andere Bedeutung, behält aber immer einen positiven Sinn. Wie der Frühling die

Jahreszeit des ausgeglichenen, angenehmen Wetters ist, so verweist die Dreißig auf eine Periode der Mäßigung nach extremen Gefühlsschwankungen. Das heißt nicht, daß sich Langeweile ausbreitet. Im Gegenteil, man findet sein Glück jetzt in der Harmonie und im vertrauten Miteinander, weiß, daß man sich aufeinander verlassen kann, und ist sich seiner selbst viel sicherer als früher. Häuslichkeit gewinnt einen neuen Stellenwert, man muß seine Haut nicht mehr zu Markte tragen.

Die Dreißig soll dem Ratsuchenden helfen, für sich herauszufinden, ob er nun zu genießen bereit ist. Im Frühling gehen die Menschen nach der Zurückgezogenheit des Winters wieder unbefangen aufeinander zu, das Leben wird leichter. Vieles, was vor kurzem noch düster und unheimlich wirkte, verliert seinen Schrecken. Mit der Rückkehr der Sonne erscheinen Probleme in neuem Licht und werden kleiner. Der Frühling ist die Zeit, mit sich, seinen Wünschen und seinen Kräften im Einklang zu sein.

Die Gefahr besteht darin, den Frühling ungenutzt verstreichen zu lassen. Wer jetzt nicht darauf achtet, Gefühle und Verstand zumindest als gleichwertig anzuerkennen, riskiert das Absterben, das vorzeitige Verdorren seiner Gefühlsregungen und verdirbt sich die Chance, zur vollen Entfaltung zu gelangen. Vor extremen Verhaltensmustern sei noch einmal ausdrücklich gewarnt. Man gehe die Dinge unverkrampft an und achte auf eine ausgeglichene Grundstimmung, dann wird gelingen, was immer man unternimmt.

31
Einunddreißig

Der zugeordnete Begriff ist »Jahresbeginn«, der im alten Pars im Frühling lag. Es ist kein Zufall, daß die Dreißig und die Einunddreißig auf symbolischer Ebene so nah verwandt sind. Doch trotz einiger Ähnlichkeiten sind die Unterschiede offensichtlich. In der Einunddreißig ist vor allem die Eins, die Zahl des Beginnens und des Vorausschauens, wirksam. Zusammen mit der Drei, hier in der Bedeutung »Phantasie«, bildet sie die Vier, der die Fähigkeit zu organisieren zugesprochen wird.

Am Jahresbeginn ist vorausschauende Planung besonders wichtig. Die künftigen Aufgaben müssen klar gesehen werden. Was ist vom alten Jahr zu übernehmen, wo liegen die neuen Schwerpunkte? Dies sind Fragen, die man sich im westlichen Kulturkreis zur Jahreswende stellt. Ähnliches sollte man sich fragen, wenn die Einunddreißig als Orakelzahl auftaucht.

Die Einunddreißig ist weniger eine Zahl des Träumens als des planvollen Handelns. Ein Jahr ist ein überschaubarer Zeitraum. Zum Jahresbeginn überlegt man, was man in den nächsten zwölf Monaten erreichen will. Welche Aufgaben kommen auf einen zu? Was muß man tun, um sie zu erfüllen? Reichen die

Mittel, um sich bestimmte Wünsche zu erfüllen? Wo kann man, muß man Vorsorge treffen? Wer könnte einem schaden, auf wen ist Verlaß? Die Einunddreißig hilft, den Blick auf die unmittelbare Zukunft zu richten. Aber auch die großen Lebenspläne dürfen dabei nicht vergessen werden. So wie der Jahresbeginn der Moment ist, an dem man sich vergewissert, daß man den Weg nicht aus den Augen verliert, ist die Einunddreißig Anstoß, die eigenen Pläne neu zu überdenken.

Wichtig ist herauszufinden, welche der Zahlen mehr Gewicht hat: die Eins, also das Vorausschauen, die Phantasie verleihende Drei oder die Vier mit der ihr inneliegenden Kraft, die Dinge zu organisieren?

Besonders bei der Drei sollte man versuchen, die Gedanken in eine ganz neue Richtung schweifen zu lassen und nach neuen Wegen Ausschau zu halten.

Eine mögliche, wenn auch geringe Gefahr: Man ist versucht, in zu kurzen Zeiträumen zu denken. Ein Jahr steht nie für sich allein. Es ist nahtlos eingefügt in die Abfolge von Jahren, die die Lebensspanne des einzelnen bilden. Auch darf man nicht vergessen, daß der Jahresbeginn weniger der Beginn eines individuellen Jahres ist als vielmehr ein Fest, das gemeinschaftlich begangen wird. Man stelle daher nicht die eigenen Interessen in den Vordergrund, sondern achte darauf, was für das Gemeinwesen, in dem man lebt, im kommenden Jahr von Bedeutung sein wird.

32
Zweiunddreißig

Mit der Zweiunddreißig ist der Begriff »Ehe« verbunden, was nicht verwunderlich ist, wenn man die starke Verwandtschaft zur Dreiundzwanzig bedenkt. Beide enthalten die gleichen Zahlen, jedoch in anderer Reihenfolge. Zwei, Drei und Fünf verweisen auf Dualismus, Synthese und Partnerwahl. Die Ehe ist ein Ausdruck von Liebe, oder sie sollte es zumindest sein.

Die Zweiunddreißig als Orakelzahl hat immer eine sehr konkrete Bedeutung. Sie weist stets auf bestehende oder kommende Schwierigkeiten in einer Ehe hin. Für ein Kind hat diese Zahl deshalb keine Aussagekraft. Ist der Ratsuchende unverheiratet, deutet diese Zahl keineswegs darauf hin, daß er sich demnächst verheiraten wird. Im Gegenteil, hier wird eine deutliche Warnung vor einer überstürzt geschlossenen Ehe ausgesprochen.

Daß eine Ehe nicht immer den Erwartungen gerecht wird, die man an sie stellt, hängt unter anderem damit zusammen, daß in der Zweiunddreißig die Drei, die Synthese, vor der Zwei, dem Dualismus, steht. Das kann einerseits unter ungünstigen Umständen dazu führen, daß man eine Ehe aus einem übergroßen Harmoniebedürfnis heraus zu früh eingeht, in einem Stadium der Verliebtheit, in dem man sich über seine wahren Gefühle noch nicht klar ist. Es kann andererseits sein, daß man die Vernunft zu sehr in den Vordergrund rückt und versucht, eine Verbindung zwischen zwei Menschen zu schaffen, die wenig gemeinsam haben. Man kann nicht Feuer und Wasser zusammenbringen.

Obwohl die Zweiunddreißig einen eher negativen Aspekt zeigt, kommt es gerade bei ihr sehr auf die Umstände und andere wichtige Zahlen an. Daß sie auf mögliche Schwierigkeiten in der Ehe hinweist, bedeutet nicht, daß diese unüberwindlich sind. Wenn man wachsam ist und auf kleine, scheinbar unbedeutende Zeichen achtet, wird man die Schwierigkeiten rechtzeitig sehen und ihnen begegnen können.

Da eine Ehe nie die Angelegenheit nur einer Person ist, empfiehlt es sich, das Orakel auch für den Ehepartner zu befragen. Ergibt sich auch hier ein Hinweis auf Unstimmigkeiten, sollten beide sich fragen, was sie tun können, um wieder zueinanderzufinden. Erhält jedoch nur einer der Partner die Zweiunddreißig, ist es an ihm, sich Klarheit darüber zu verschaffen, was er von der Ehe erwartet. Sind seine Ansprüche unrealistisch, läßt sich Abhilfe schaffen, indem man versucht, vom Partner nichts Unmögliches zu verlangen. Stellt man hingegen nach reiflicher Überlegung fest, daß man in dieser Ehe nicht glücklich werden kann, sollte man sich nicht scheuen, die Konsequenzen zu ziehen.

33
Dreiunddreißig

Daß der Dreiunddreißig der Begriff »Familie« zugeordnet ist, wundert nicht, wenn man sich vor Augen führt, daß die doppelte noch mehr als die einfache Drei eine Glückszahl ist. In vielen Kulturen, so auch im alten Pars, gilt die Familie als Ort des irdischen Glücks. Wirksam ist aber auch die Sechs, mit der Begriffe wie »Häuslichkeit« und »Wohlergehen« verbunden sind.

Die Dreiunddreißig wird zumindest von all jenen als Glückszahl empfunden, die in einer eigenen Familie eines der erstrebenswertesten Ziele sehen. Gerade bei dieser Zahl wird aber auch deutlich, wie schwierig oft die Übertragung der altpersischen Deutung auf westliche Verhältnisse ist, denn unsere moderne Gesellschaft ist durch einen scheinbar unaufhaltsamen Niedergang der traditionellen Familienstrukturen gekennzeichnet.

Die Dreiunddreißig lenkt die Erinnerung zunächst zurück auf die Familie, in der der Fragende aufgewachsen ist. Ob seine Kindheit glücklich oder von Entsagungen überschattet war, wird ihn in seinem Wunsch nach einer eigenen Familie sicher stark beeinflussen. Die meisten Menschen werden jedoch das Bedürfnis nach einer eigenen Familie in sich verspüren. Und so sollte man, wenn die Dreiunddreißig als Orakelzahl erscheint, zumindest in der Phantasie diesem Wunsch einmal nachgehen und sich vorstellen, wie ein Leben mit Kindern aussähe. Auch wenn man keine eigenen haben kann, gibt es Möglichkeiten, Kinder in sein Leben einzubeziehen.

Die Familie steht aber auch sinnbildlich für den Ort, an dem man Geborgenheit und Verständnis findet und Liebe, die man sich nicht erkaufen oder verdienen muß. Wer die Dreiunddreißig mehrfach hintereinander im Orakel erhält, sollte sich überlegen, ob er mit seinen augenblicklichen Lebensverhältnissen zufrieden ist. Vielleicht ist es an der Zeit, sich nach einem Partner umzusehen, mit dem der Traum von der eigenen Familie doch noch zu verwirklichen ist.

Die mögliche Gefahr besteht darin, sich zu sehr auf das Orakel zu verlassen und dann bitter enttäuscht zu sein, wenn die Dinge sich nicht wie erwartet entwickeln. In jedem Leben gibt es Wünsche, die sich nicht verwirklichen lassen; und sicher gibt es Wünsche, auf deren Erfüllung zu verzichten leichter fällt als gerade auf den nach eigenen Kindern. Aber die Dreiunddreißig verspricht die Kraft, mit einer unerfüllten Sehnsucht fertig zu werden.

34
Vierunddreißig

Der zugeordnete Begriff ist »Schreiben«. Schreiben ist die Kunst, Gedanken in Worte zu fassen. Schreiben ist die Voraussetzung dafür, sich auch über räumliche und zeitliche Entfernungen einem anderen Menschen mitzuteilen. Im alten Pars war Schreiben eine nur von wenigen geübte Kunst.

In der Vierunddreißig fließen die Phantasie der Drei, das Organisationstalent der Vier und die Weisheit und Empfindsamkeit der Sieben zusammen. Schreiben ist ja viel mehr als die bloße Kenntnis der Buchstaben des Alphabets und der Regeln, sie zu Wörtern und Sätzen zu verknüpfen. Wer sich jemals bemüht hat, eine Empfindung zu Papier zu bringen, weiß, wieviel schwieriger Schreiben ist als Reden. Beim Reden hat man ein direktes Gegenüber, hat die Möglichkeit, mit Stimme, Tonfall und Gestik viel mehr auszudrücken als mit Worten allein.

Die Vierunddreißig weist unter Umständen auf ein verborgenes Talent hin. Erscheint sie als Orakelzahl bei einem Kind, sollten die Eltern alles tun, um seine Talente zu wecken und zu fördern. Daß Druck und Zwang hier die falschen Methoden sind, sei nur am

Rande vermerkt. Bei einem Erwachsenen kommen noch andere Deutungen hinzu. Man frage sich, ob man darunter leidet, andere Menschen nicht erreichen zu können. Oft stellt sich die Furcht, sich nicht verständlich machen zu können, als unbegründet heraus. In jedem Fall sollte man den Hinweis ernst nehmen und darauf vertrauen, daß das Orakel nicht ohne tieferen Sinn auf diese Zahl verweist. Auch Schreiben – das heißt, seine Gedanken festhalten und sie anderen zugänglich machen zu können – ist letztlich eine Frage der Übung.

Beim Schreiben, sei es das Verfassen eines Briefes oder eines anderen Textes, ist es immer von Bedeutung, sich den späteren Leser vorzustellen. Die Vierunddreißig im Orakel weist darauf hin, daß man sein Einfühlungsvermögen in dieser Hinsicht noch weiterentwickeln kann. Tieferes Verständnis dessen, was andere mitzuteilen haben, geht einher mit der Fähigkeit, sich selbst immer genauer auszudrücken und damit selbst besser verstanden zu werden.

Die einzige Gefahr liegt hier in der Selbstgefälligkeit. Wer seinen eigenen Stil für unübertrefflich hält, hat etwas sehr Wichtiges noch nicht begriffen: daß es nämlich die perfekte Kommunikation mit Worten allein nie geben wird. Man darf nie nachlassen in seinem Bemühen, sich noch präziser, der jeweiligen Situation noch angemessener auszudrücken. Wer sich auf seinen vermeintlichem Lorbeer ausruht, kommt auf diesem Weg nicht weiter.

35
Fünfunddreißig

Der Fünfunddreißig ist im alten Pars »Feuer« zugeordnet. Feuer ist ein zwiespältiges Element. Feuer ist einerseits notwendig, um Wärme zu spenden und Mahlzeiten zuzubereiten, es ist andererseits aber auch von großer Gefährlichkeit. Mit dem Feuer darf man nicht spielen, wenn man sich nicht verbrennen will. Früher war es sehr mühsam, Feuer aus Steinen zu schlagen. Man mußte das Feuer bewachen, damit es weder ausging noch Schaden anrichtete.

Die Fünfunddreißig ist zusammengesetzt aus der Drei, der Zahl der Mitte, und der Fünf, der Zahl der Lebendigkeit. Gemeinsam ergeben sie die Acht, die Zahl der ewigen Wiederholung. Ein Feuer bildete die Mitte, um die sich die Menschen versammelten, um sich zu wärmen und um gemeinsam zu essen. Vom Feuer spricht man wie von etwas Lebendigem: Es braucht Nahrung, die von den Flammen verzehrt wird. Feuer ist lebendig im Spiel seiner Flammen.

Die Fünfunddreißig im Orakel läßt eine Vielzahl von Deutungen zu. Feuer ist immer schon im wörtlichen wie im übertragenen Sinn verstanden worden. Die Warnung vor einem Brand ist offenkundig. Man achte besonders sorgfältig darauf, Gefahren zu vermeiden; man sei vor Nachlässigkeiten auf der Hut. Meist wird jedoch die symbolische Deutung herangezogen, die besagt, daß man sich zur Zeit im Mittelpunkt des Interesses befindet. Es kann sein, daß man Opfer einer Intrige zu werden droht. Auch hier ist also besondere Wachsamkeit erforderlich. Entsprechend der Zweideutigkeit des Feuers kann die Aufmerksamkeit, in deren Zentrum man steht, aber auch überaus erfreulich und positiv sein. Dies in jedem Einzelfall herauszufinden verlangt viel Gespür.

Dieses Gespür zu entwickeln, dazu soll der Ratsuchende angeregt werden. Vielleicht ist er bisher etwas zu sorglos und unbedacht durch sein Leben gegangen, hat warnende Zeichen übersehen oder nicht ernst genommen. Das Riskante an der Gefahr ist, daß man sie meist nicht kommen sieht, obwohl sie sich dem Aufmerksamen lange vorher angekündigt hat. Zu lernen, die Gefahr rechtzeitig zu erkennen und ihr zu begegnen, ist der tiefere Sinn dieser Zahl.

Manchmal kann jedoch auch die deutlichste Warnung den Ratsuchenden nicht vor Schmerz bewahren. Wie Kinder sich einmal die Finger verbrannt haben müssen, um für die Zukunft zu wissen, daß man mit dem Feuer nicht spielen darf, so kann auch der Erwachsene vor bestimmten Erfahrungen nicht geschützt werden.

36
Sechsunddreißig

Der Sechsunddreißig ist der Begriff »Alter« zugeordnet. Den Alten wurde im alten Persien stets Respekt entgegengebracht. Man achtete ihre Weisheit, lernte von ihren Erfahrungen und nahm ihren klugen Rat gern an. Im Alter durfte man sich Freiheiten herausnehmen, die man sich ein Leben lang versagt hatte. Die Schrullen des Alters wurden mit Gelassenheit hingenommen.

Die Sechsunddreißig setzt sich zusammen aus der Drei, der Zahl der Heiterkeit und des Ausgleichs, und der Sechs, der Zahl der Ruhe und Häuslichkeit. Zusammen ergeben sie die Neun, die Zahl des erreichten Ziels. Unter glücklichen Umständen sind dies die Merkmale des Alters. Man beobachtet den Lauf der Welt bereits aus einer gewissen Distanz, man ist keinen extremen Gefühlsschwankungen mehr ausgesetzt, man hat einiges von der Welt gesehen und schätzt die Ordnung und Ruhe des eigenen Zuhauses. Man jagt nicht mehr den Erfolgen hinterher, weil man erreicht hat, was man erreichen wollte. Ist das Alter nicht von Krankheit und Leid überschattet, ist es die Phase des Lebens, in der man zur Ruhe kommt und sich selbst Rechenschaft über sein Leben ablegt.

Die Sechsunddreißig im Orakel kündigt dem Ratsuchenden ein friedvolles, ruhiges Alter an. Daher ist die Botschaft dieser Zahl für ein Kind kaum relevant. Einem noch jungen Erwachsenen wird bedeutet, die Voraussetzungen für Zufriedenheit im Alter zu schaffen. Dies meint, daß jeder selbst dafür verantwortlich ist, ob er später einmal auf ein erfülltes Leben zurückblicken wird.

Wer als junger Mensch immer unzufrieden ist, wird Ausgeglichenheit wohl kaum erreichen. Es sei denn, er überprüft seine innere Einstellung und ändert sie. Unzufriedenheit ist ein schleichendes Gift, das den Menschen verhärtet und ihm die Fähigkeit, sich des Lebens zu freuen, nimmt. Die Sechsunddreißig verdeutlicht die Verantwortung gegenüber dem eigenen Leben und gibt die Kraft, an sich zu arbeiten.

37
Siebenunddreißig

Der Siebenunddreißig ist die »Musik« zugeordnet. Musik hat in allen Kulturen einen hohen Stellenwert, so auch im alten Pars. Musik ertönt stets zu besonderen Anlässen, zu fröhlichen Festen, aber auch zu Begräbnissen, zur Einstimmung der Krieger auf eine bevorstehende Schlacht wie auch zur Feier des Sieges. Musik hebt die Menschen aus ihrem Alltag heraus und versetzt sie in eine besondere Stimmung.

Die Siebenunddreißig wird gebildet aus der Drei, der Sieben und der Zehn. Die Drei steht hier für Phantasie und Aufhebung der Gegensätze, die Sieben für Empfindsamkeit und Einfühlungsvermögen. Die Zehn verweist auf eine neue Ordnung. Und in der Tat hebt Musik die alten Ordnungen auf. In der Musik gelten andere Gesetzmäßigkeiten als im Alltag. Im Reich der Töne herrscht Harmonie, nicht Zwietracht und Mißstimmung.

Die Siebenunddreißig als Orakelzahl hat einen Doppelsinn. Zum einen kann sie auf eine ganz konkrete Begabung hinweisen, die in einem Menschen schlummert. Dies gilt in besonderem Maß für Kinder. Zum anderen verleiht sie die Fähigkeit, Harmonie zu stiften.

Harmonie empfinden und Musik genießen zu können setzt voraus, daß man Zugang zu seinem eigenen Gefühlsleben hat und nicht innerlich verhärtet ist. Wem das Orakel eine Siebenunddreißig beschert, der ist nicht notwendigerweise ein geborener Musiker. Aber ihm sind ein feines Gespür für unterschwellige Dissonanzen gegeben und die Fähigkeit, diese aufzulösen.

Musik kann, gerade weil sie das Innerste der Menschen ohne den Umweg über den Kopf erreicht, auch mißbraucht werden. Mit Musik können Menschen über ihre ureigensten Empfindungen getäuscht werden. Hierin liegt die Warnung der Siebenunddreißig. Man darf sich nicht einlullen lassen, sich nicht in eine nur scheinbare Harmonie flüchten. Man muß lernen, Dissonanzen auszuhalten, wo man sie nicht auflösen kann. Es hat keinen Sinn, sich selbst zu betrügen. Daraus wird sehr schnell eine Lebenslüge.

Eine mögliche Gefahr, auf die die Siebenunddreißig hinweist, liegt darin, die echten mit den eingebildeten Harmonien zu verwechseln. Musik, wenn sie künstlerisches Niveau erreicht, bietet immer die Möglichkeit, einem Menschen Klarheit über sein Innenleben zu verschaffen. Wer Angst davor hat, sich seine eigenen Wünsche einzugestehen, der erhält mit dieser Zahl einen Hinweis darauf, daß er zuerst lernen muß, seine Angst zu überwinden, um an sein Ziel zu gelangen.

38
Achtunddreißig

Mit der Achtunddreißig verbindet sich der Begriff »Geld«. Geld steht für die Möglichkeit, sein Leben nach den eigenen Wünschen einzurichten. Geld verschafft Freiheit, Macht und Einfluß. Es bedeutet Sicherheit und Wohlergehen. Es kann aber auch dazu verführen, verschwenderisch damit umzugehen oder es zu verspielen. Für die meisten Menschen ist Geld so wichtig, daß sie sich ständig Sorgen darüber machen, ob sie auch genügend davon haben.

In der Achtunddreißig kommen die Drei und die Acht zusammen. Die Drei als Glückszahl und die Acht als Zahl des Erfolges und der Macht weisen darauf hin, daß Geldangelegenheiten unter dem Einfluß der Achtunddreißig eine günstige Prognose haben. Bildet man die Quersumme, ergibt sich die Zwei, die darauf schließen läßt, daß früher oder später Spannungen auftreten werden, die mit dem Geld zusammenhängen.

Die Achtunddreißig als Orakelzahl besagt, daß man zur Zeit eine glückliche Hand in finanziellen Angelegenheiten hat. Das kann bedeuten, daß in nächster Zeit unverhofft eine größere Menge Geld zu erwarten ist, vielleicht eine Erbschaft oder ein Gewinn in der Lotterie. Es wäre allerdings falsch, jetzt fest damit zu rechnen. Glück in Gelddingen kann sich auch ganz anders äußern. Möglicherweise verliert die Sorge um das Geld einiges von ihrem bedrückenden Gewicht, weil andere Dinge im Leben wichtig werden. In jedem Fall verweist die Achtunddreißig darauf, daß es an der Zeit ist, sich um Geld weniger Gedanken zu machen, als man dies bisher tat.

Verfügt man über mehr als genug Geld, sollte man überlegen, wie man anderen damit Gutes tun kann. Geld darf niemals zum Selbstzweck werden. Wer es nur hortet, statt es als Möglichkeit zu begreifen, sich und anderen damit das Leben zu erleichtern, wird eines Tages an seinen Reichtümern ersticken. Geld allein kann nicht glücklich machen, wenn man nicht bereit ist, das Geld und das Glück mit anderen zu teilen.

Die Warnung der Achtunddreißig lautet, dem Geld nicht zuviel Bedeutung beizumessen. Übertriebene Sorge ist genauso falsch wie übertriebene Nachlässigkeit. Die Achtunddreißig will dazu anregen, die eigene Einstellung zu materiellen Gütern zu überprüfen. Wenn man am Ende erkennt, daß es wichtigere Werte im Leben gibt, ist das ein Gewinn, von dem man länger zehren kann als von einem Treffer im Lotto.

39
Neununddreißig

Das der Neununddreißig zugeordnete Stichwort heißt »Handel«. Im engeren Sinn meint Handel einen geschäftlichen Austausch zwischen Partnern, bei dem jeder der Beteiligten einen Nutzen aus der Sache zieht. Zu allen Zeiten sind die Menschen der Versuchung erlegen, auch in Bereichen Handel zu treiben, in denen eigentlich andere Regeln gelten sollten als die des geschäftlichen Umgangs miteinander. Handel findet auch statt in zwischenmenschlichen Beziehungen. Damit wird oft mehr Schaden als Nutzen angerichtet.

Die Neununddreißig setzt sich zusammen aus der Drei, die die Aufhebung der Gegensätze prophezeit, und der Neun, die den guten Ausgang einer Sache verspricht. Durch Quersummenbildung ergibt sich eine weitere Drei, was bedeutet, daß der Schwerpunkt der Neununddreißig im Ausgleichen liegt. Handel in seiner ursprünglichen Bedeutung ist also tatsächlich der passende Begriff für diese Zahl.

Die Neununddreißig hat als Orakelzahl eine überwiegend positive Bedeutung. Sie besagt zunächst, daß geschäftliche Beziehungen nun unter einem günstigen Stern stehen, in dem oben erwähnten Sinn, daß alle

Geschäftspartner einen Nutzen daraus ziehen. Wer plant, sich selbständig zu machen, kann keine günstigere Prognose bekommen als die Neununddreißig. Im Hinblick auf andere Bereiche weist diese Zahl darauf hin, daß ein Ausgleich nur dann möglich ist, wenn man über die eigenen Interessen hinausdenkt und die Belange des Partners einbezieht. Man sollte nicht vergessen, daß Fairneß auf lange Sicht die wichtigste Voraussetzung für erfolgreiches Handeln ist, im Geschäftsleben wie überall sonst.

Die Neununddreißig verleiht den notwendigen Weitblick, geschäftliche wie private Beziehungen in ihrer Gesamtheit zu erfassen. Sie befähigt dazu, nicht nur den eigenen unmittelbaren Vorteil einer Sache zu sehen, sondern die Konsequenzen für sich und andere mitzubedenken. Dies wirkt sich positiv aus. Man erwirbt sich einen guten Ruf und wird als verläßlicher, umsichtiger Partner anerkannt.

Die Neununddreißig verweist aber auch darauf, daß es Dinge gibt, die nie zum Handelsobjekt verkommen dürfen. Man hüte sich davor, seine Gefühle oder gar seine Seele zu verkaufen. Bei solchen Geschäften wird man, so verlockend sie auf den ersten Blick auch erscheinen mögen, am Ende immer der Betrogene sein.

40
Vierzig

Der Vierzig ist der Begriff »Begräbnis« zugeordnet. Wie in vielen anderen Kulturen auch, ist das Begräbnis im alten Pars weniger ein Ritual für die Toten als vielmehr für die Trauernden, die in ihrem Schmerz nicht allein gelassen werden. In einer Zeit, in der man glaubt, den Boden unter den Füßen verloren zu haben, ist es der genau vorgeschriebene Ablauf der rituellen Handlungen, der wieder Halt gibt.

Die Vierzig ist durch die in ihr enthaltene Zehn eine Zahl, mit der wiederum eine neue Stufe erreicht wird. Die Vier verweist sowohl auf die Schwermut als auch auf die Ordnung eines Rituals. Bei einem so mächtigen Gefühl wie der Trauer ist es notwendig, etwas zu haben, woran man sich festhalten kann. Überließe man sich dem Chaos der Gefühle, in das man durch den Tod eines geliebten Menschen stürzt, wäre die Gefahr groß, nicht mehr in das alltägliche Leben zurückzufinden.

Die Vierzig verführt dazu, sie allzu wörtlich zu deuten. Aber das altpersische Zahlenorakel liefert nicht so sehr präzise Voraussagen, es will vielmehr Anregungen geben, die eigene Einstellung zu bestimmten Fragen zu überdenken. Man hüte sich also davor, einen konkreten Todesfall kommen zu sehen. Kein Orakel dieser Welt macht Voraussagen über den Tod. Die Vierzig deutet darauf hin, daß es an der Zeit ist, sich Gedanken über den Wert der Tradition zu machen. Gerade Begräbnisrituale bleiben oft über lange Zeiträume gleich; sie werden von Generation zu Generation unverändert weitergegeben. In ihnen kommt zum Ausdruck, daß der einzelne Mensch ein Glied in einer langen Kette ist. Man muß sich fragen, wie eng die Verbindungen zu den anderen Gliedern der Kette noch sind.

Ist man stark genug, auch in extremen Situationen auf den Beistand der Gemeinschaft verzichten zu können? Ist man wirklich der überzeugte Individualist, der man vorgibt zu sein? Hat man wirklich mit allen überkommenen Formen gebrochen? Im Leben jedes Menschen gibt es einen Punkt, an dem er sich entscheiden muß, wie weit er sich von der Gemeinschaft und ihren Werten entfernen will. Die Vierzig weist darauf hin, daß man sich dieser Entscheidung nähert.

Noch etwas anderes kann in der Vierzig zum Ausdruck kommen. Das Gefühl, den Boden unter den Füßen verloren zu haben, ist nicht auf Zeiten der Trauer beschränkt. Man sollte sich fragen, welche Dinge einen aus der Bahn werfen könnten. Vielleicht hat man sich zu sehr auf sich selbst zurückgezogen und den Kontakt zu anderen vernachlässigt. Man sollte Vorsorge treffen für den Fall, daß man die anderen braucht, indem man alte Freundschaften bewußt pflegt.

41
Einundvierzig

Mit dieser Zahl ist der Begriff »Freundschaft« verbunden. Freundschaft ist im Leben der meisten Menschen etwas sehr Wichtiges. Gute Freunde zu haben, auf die man sich verlassen kann, mit denen man Freud und Leid teilt, von denen man uneingeschränkt akzeptiert und anerkannt wird, das ist ein Geschenk, für das man dankbar sein sollte. Aber Freundschaften fallen einem nicht einfach in den Schoß. Man muß sie sich erwerben.

Die Einundvierzig wird bestimmt von der Eins, der Vier und der Fünf. Die Eins steht hier für die Suche nach dem Dialog mit anderen. Die Vier verleiht Kraft und Augenmaß und bewahrt vor überzogenen Erwartungen. Die Fünf schließlich bedeutet Lebendigkeit und die Fähigkeit, sein Herz für andere zu öffnen.

Die Einundvierzig weist darauf hin, daß man sich in einer Phase befindet, in der Freundschaften sehr wichtig sind. Man frage sich, ob man sich selbst gern zum Freund hätte. Nur wer sich selbst akzeptiert, ebnet sich den Weg zu dauerhaften Freundschaften, die frei sind von Neid und Rivalität, von Verstellung und Streben nach dem eigenen Vorteil. Freundschaften unterscheiden sich von den meisten anderen Beziehungen dadurch, daß sie frei sind von Berechnung. Selbst eine Liebe beruht allzuoft auf einem Tauschgeschäft, weshalb viele Liebesbeziehungen weniger stabil sind als Freundschaften. Die heikle Balance von Distanz und Nähe ist in einer Freundschaft viel leichter aufrechtzuerhalten als in einer leidenschaftlichen Liebesverbindung, bei der die Gefühle in ihrer Heftigkeit oft sehr verwirrend sind.

Die Einundvierzig im Orakel macht es den Fragenden leicht, sich selbst zu mögen. Und sie verleiht eine Ausstrahlung, die anziehend auf andere wirkt. Mit sich selbst im Einklang zu sein ist die beste Voraussetzung dafür, auf andere zuzugehen und ihre Freundschaft zu gewinnen. Man kann jetzt den Grundstein legen für wertvolle Beziehungen, die einen durch das ganze Leben begleiten werden.

Die Einundvierzig birgt keine Gefahren. Sie mahnt lediglich, mit Freunden nicht sorglos umzugehen. Wer vergißt, daß eine Freundschaft vom ausgewogenen Verhältnis zwischen Geben und Nehmen lebt, oder wer glaubt, Freundschaften kaufen zu können, wird bald merken, daß er sich im Irrtum befindet. Noch ist aber Zeit, diesen Fehler zu korrigieren. Man denke immer daran, daß berechnendes Verhalten unter Freunden nichts zu suchen hat. Es gilt, die Tugenden der Geradlinigkeit und Offenheit zu üben, dann steht einer guten und langen Freundschaft nichts im Weg.

42
Zweiundvierzig

Mit der Zweiundvierzig verbindet sich das Stichwort »Haus«. Das Haus ist das Sinnbild des Seßhaftwerdens. Ein eigenes Haus ist sichtbarer Ausdruck der Unabhängigkeit von den Eltern und des Erwachsenseins. Ein Haus bietet Schutz vor den Unbilden der Witterung; es ist der Ort, an den man sich nach der Arbeit des Tages zurückzieht, um sich im Kreis der Familie zu erholen. Oft stellt es einen wichtigen Besitz dar.

In der Zweiundvierzig kommen die Zwei, die Vier und die Sechs zur Wirkung. Die Zwei symbolisiert den Wandel zwischen zwei Extremen, in diesem Fall zwischen öffentlichem und privatem Leben. Die Vier ist die Zahl der Ausdehnung und der Ordnung, die Sechs die Zahl des geschlossenen Raumes und der Häuslichkeit.

Die Zweiundvierzig als Orakelzahl deutet an, daß die Frage nach dem Ort, an dem man sich befindet, zunehmend an Bedeutung gewinnt. Dabei ist mit Ort zunächst ganz wörtlich der Platz gemeint, an dem man leben will. Ist man dort, wo man gerade wohnt, glücklich? Fühlt man sich in seiner Umgebung wohl? Muß man diese Fragen verneinen, sollte man herausfinden, wo man sich wohler fühlen würde. Hat man das Gefühl, in der Stadt nicht zur Ruhe zu kommen, muß man überlegen, ob man mit einem Leben auf dem Land nicht zufriedener wäre. Oft hat man es sehr viel mehr in der Hand, als man denkt, den angemessenen Ort für sich selbst frei zu wählen. Man lasse sich nicht von vermeintlichen Unabänderlichkeiten festlegen.

Die Zweiundvierzig kann auch bedeuten, daß man nach einer Periode des Umherziehens nun seßhaft werden möchte. Ein Haus ist ein Besitz, der es ermöglicht, an einem Ort Wurzeln zu schlagen. Ein Haus verändert sich mit seinen Bewohnern; es wächst und entwickelt sich mit ihnen. Mit einem eigenen Haus übernimmt man Verantwortung und neue Aufgaben. Oft entdeckt man ungeahnte Fähigkeiten in sich, die man bisher nicht zur Wirkung bringen konnte.

Eine Gefahr besteht darin, das Haus wichtiger zu nehmen als seine Bewohner. Man erliege nicht der Versuchung, mit Reichtum und Statussymbolen vor den Nachbarn protzen zu wollen. Damit würde man ein Museum und kein Heim schaffen. Wer sich in seinen eigenen vier Wänden nicht behaglich und geborgen fühlt, der ist noch nicht bei sich zuhause, der hat seinen eigenen Lebensstil noch nicht gefunden.

43
Dreiundvierzig

Das Stichwort »Kinder« ist mit der Dreiundvierzig verbunden. Damit sind ausschließlich die eigenen Kinder gemeint. Die Entscheidung für oder gegen eigene Kinder hat erst in unserer Zeit große Bedeutung erhalten. Früher war es selbstverständlich, Kinder zu haben. Keine eigenen bekommen zu können war ein großes Unglück und scheinbar ein Hinweis darauf, vom Schicksal benachteiligt zu sein.

Die Dreiundvierzig entsteht aus der Verbindung der Vier mit der Drei. Zusammen ergeben sie die Sieben. Die Vier verleiht Kraft und Organisationstalent, die Drei ist die Zahl, die die Gegensätze aufzuheben vermag. Die Sieben kündet immer vom Abschluß einer Phase. Für ein Paar, das sein erstes Kind bekommt, ist vor allem die Drei von Bedeutung: Ein Kind verkörpert die Synthese von Mann und Frau. Aber auch die Sieben wird wichtig: Elternschaft ist ein so einschneidendes Erlebnis wie kaum ein anderes im Leben eines Paares.

Die Dreiundvierzig ist als Orakelzahl deshalb vor allem für Paare von Bedeutung. Aber auch hier geht es wieder weniger darum, ein konkretes Ereignis der näheren Zukunft vorherzusagen. Viel wichtiger ist es, sich die Frage zu stellen, ob man als Paar die Zukunft so weit gemeinsam plant, daß Kinder darin eingeschlossen sind. Sind die beiden Partner sich in dieser entscheidenden Frage nicht einig, sollten sie sich ehrlich fragen, ob sie wirklich so gut zueinander passen, wie sie glauben. Auch alleinstehende Männer und Frauen werden durch die Dreiundvierzig mit der Frage konfrontiert, wie sie sich ihr weiteres Leben vorstellen.

Meist ist mit der Frage nach dem Kinderwunsch untrennbar die Frage nach dem Sinn des Lebens verknüpft. Hält man das Leben für wert, es weiterzugeben? Was möchte man in den eigenen Kindern verwirklicht sehen? Wer angesichts dieser Fragen unsicher wird, sollte sich zunächst mit seinem eigenen Leben auseinandersetzen.

Die Gefahr ist groß, daß man Kindern eine Last aufbürdet, die sie nicht tragen können. Wer die eigene Daseinsberechtigung nur in der Fortpflanzung sieht, erfaßt das Leben nicht in all seinen Dimensionen. Erst wenn man die Frage beantworten kann, was vom Leben man gern weitergeben möchte, ist man bereit, wirkliche Verantwortung für werdendes Leben zu übernehmen.

44
Vierundvierzig

Das zugeordnete Symbol »Hagel« läßt zunächst an Zerstörung, Verheerung, Verwüstung denken. Kaum einem anderen Wettergeschehen wird so wenig Positives zugeschrieben wie dem Hagel. Ein Gewitter reinigt die Luft, Sturm vertreibt die Wolken, Regen bringt Segen – vom Hagel läßt sich all dies nicht behaupten. Ein Hagelschauer kommt plötzlich, ohne große Vorwarnung. Er erinnert daran, daß der Mensch, der sich als Beherrscher der Erde fühlt, sehr schnell an seine Grenzen gelangt.

Die in der Vierundvierzig auftretende doppelte Vier kündet von großer Kraft. Dies wird noch dadurch unterstrichen, daß die Acht ebenfalls als verdoppelte Kraft interpretiert werden kann. Das Potential der Vier ist die elementare Kraft der Zerstörung. Das Wesen der Acht enthält die Unausweichlichkeit der ewigen Wiederholung.

Die Vierundvierzig als Orakelzahl deutet darauf hin, daß es immer Bereiche geben wird, die sich der Beeinflussung durch den Menschen entziehen. Auch mit noch so ausgeklügelter Technik hat sich das Wetter bisher nicht beherrschen lassen. Im Gegenteil, gerade in unserer Zeit zeigt es sich, daß der Mensch in seiner Hybris dabei ist, nicht wiedergutzumachenden Schaden anzurichten. Schon die alten Parsen sahen im Hagel eine Strafe des Himmels für die Anmaßung der Menschen. Ein Hagelschauer, der binnen Minuten die Arbeit eines ganzen Jahres, die Ernte eines ganzen Sommers zunichte machen konnte, wurde stets als Warnung gedeutet. In diesem Sinn sollte die Vierundvierzig auch heute noch interpretiert werden.

Die Vierundvierzig warnt ausdrücklich davor, die Kräfte der Natur zu unterschätzen. Der Lauf der Welt ist von den Menschen letztlich nicht zu beeinflussen. Was ist die Lebensspanne des Menschen, was sind selbst achtzig oder neunzig Jahre gegen ein Erdzeitalter? Die Vierundvierzig rückt die Maßstäbe zurecht. Sie regt dazu an, sich auf den natürlichen Rhythmus des Lebens zu besinnen.

Sie lehrt auch, Schicksalsschläge hinzunehmen. Was hilft das Aufbegehren gegen etwas, das sich nicht ändern läßt? Gelassenheit hilft weiter, auch wenn die Lage aussichtslos erscheint. Man sollte nicht das Schlimmste zitternd erwarten, sondern sich über das Schöne freuen lernen. Gerade weil die Schönheit so vergänglich ist.

45
Fünfundvierzig

Der Fünfundvierzig ist der Begriff »Hirte« zugeordnet. Ein Hirte war im alten Pars ein respektierter Mann, dem die Verantwortung für den ganzen Tierbestand eines Dorfes übertragen wurde. Seine Tätigkeit brachte es mit sich, daß er oft über Wochen mit keinem Menschen zusammentraf. Deshalb galten Hirten als zurückhaltend, verschwiegen und bisweilen auch als schrullig und sonderbar.

Die Fünfundvierzig, gebildet aus der Vier und der Fünf, ergibt in der Quersumme die Neun, die Zahl der Selbstlosigkeit und Opferbereitschaft. Es ist vor allem ihr Einfluß, der sich auf die Fünfundvierzig auswirkt. Die Begriffe Ordnung und Lebendigkeit, von der Vier und der Fünf ins Spiel gebracht, beziehen sich mehr auf die Herde, die aber stets ein Spiegelbild des Charakters des Hirten ist.

Mit der Fünfundvierzig im Orakel hat es eine besondere Bewandtnis. Einigen Zahlen wird die Fähigkeit nachgesagt, Aussagen über den Charakter des Fragenden treffen zu können. Zu diesen Zahlen gehört die Fünfundvierzig. Sie beschreibt den Menschen, dem sie im Orakel beschert wird, als verantwortungsbewußt, selbstlos, uneitel und bescheiden. In der Tat sind auch Hirten nicht selten Eigenbrötler, die sich von ihren Mitmenschen absondern. Sie ziehen sich gern in die Einsamkeit der Natur zurück, die ihnen vertraut ist wie kaum einem anderen. Oft sind sie hervorragende Heilkundige, kennen sich in der Kräuterkunde aus und werden um Rat gefragt, wenn die Schulmedizin mit ihrem Latein am Ende ist.

Diese Charakterisierung muß heutigen Verhältnissen angepaßt werden, wenn sie für den westlichen Menschen noch Gültigkeit haben soll. Wer im Orakel die Fünfundvierzig findet, ist nicht notwendigerweise ein wortkarger Naturbursche. Aber mit einiger Sicherheit wird es sich um einen eher introvertierten, nachdenklichen Menschen handeln, der lieber sein Licht unter den Scheffel stellt, als mit seinen Taten anzugeben.

Ein warnender Hinweis läßt sich aus dieser Charakterisierung aber ebenso herauslesen wie aus den meisten anderen Zahlen. Rückzug ist von Zeit zu Zeit notwendig, um Kräfte zu sammeln, um sich auf das Wesentliche zu besinnen. Aber übertriebene Eigenbrötelei ist oft ein erstes Anzeichen für eine beginnende seelische Krankheit. Man versuche, dies bei sich wie bei anderen frühzeitig zu erkennen, und reiche demjenigen die Hand, der es allein nicht mehr schafft, seine – angeblich selbstgewählte – Isolation zu durchbrechen.

46
Sechsundvierzig

Der zugeordnete Begriff ist »Schwiegermutter«. Sie steht stellvertretend für die Familie des Ehepartners, in die man mit der Hochzeit aufgenommen wird. Einerseits ist die Gründung einer eigenen Familie der Zeitpunkt, sich endgültig vom Elternhaus zu lösen. Andererseits bleibt man damit traditionellen Strukturen treu. Zu den möglichen Konflikten mit den eigenen Eltern kommen die mit den Eltern des Partners hinzu.

Die Sechsundvierzig enthält die Vier, die Sechs und die Zehn. Die Vier steht einerseits für Ordnung, andererseits für Schwermut, während die Sechs die Zahl der Häuslichkeit und die Zehn die Zahl der Ehe ist. Aus dieser Konstellation ergibt sich der zwiespältige Charakter der Sechsundvierzig.

Die Sechsundvierzig im Orakel fordert dazu auf, die eigene Rolle innerhalb der Familie zu überdenken. Anders als den Freundeskreis kann man sich die Familie nicht aussuchen. Auch wenn man beim Ehepartner selbst eine sehr sorgfältige Wahl getroffen hat, dessen Familie bekommt man sozusagen als unfreiwillige Zugabe mit. In jeder Familie sind die Rollen klar verteilt. Wer durch Heirat neu dazukommt, bringt dieses in langen Jahren gewachsene Gefüge zunächst einmal durcheinander, ob er will oder nicht. Deshalb wird es, selbst bei bestem Willen aller Beteiligten, nur in den seltensten Fällen auf Anhieb gelingen, seinen Platz in diesem Beziehungsgeflecht zu finden. Oft ist es die Schwiegermutter, die den Mittelpunkt der Familie bildet. Sie ist deshalb auch häufig der Dreh- und Angelpunkt, wenn es zu kleineren Reibereien kommt.

Die Sechsundvierzig ist als Orakelzahl nicht auf Verheiratete beschränkt. Auch für alle anderen kann es hilfreich sein, sich mit der Rolle zu befassen, die man innerhalb des Familienverbandes einnimmt. Hat man den anderen deutlich gemacht, daß man bereit und in der Lage ist, einen Teil der Verantwortung zu übernehmen? Wer sich als Erwachsener immer noch wie ein Kind behandelt fühlt, hat vielleicht durch sein eigenes Verhalten dazu beigetragen.

Die Sechsundvierzig weist darauf hin, daß zu Konflikten immer mehrere gehören als nur ein Beteiligter. Nichts ist einfacher, als die Schuld an einer gespannten Situation ausschließlich den anderen zuzuweisen. »Schwiegermutter« ist fast ein Synonym für Sündenbock. So einfach liegen die Dinge in der Wirklichkeit aber selten. Und wer andern die Chance gibt, sich aus alten Rollen zu lösen, schafft auch für sich selbst neue Handlungsspielräume.

47
Siebenundvierzig

»Vollmond« ist das Schlüsselwort der Siebenundvierzig. Der Mond hat in allen Kulturen eine besondere Bedeutung. Er ist immer eng mit der geheimnisvollen Nacht verknüpft. Die Verbindung zum weiblichen Menstruationszyklus war auch den alten Parsen bekannt, so daß dem Mond im Zusammenhang mit Fruchtbarkeitsritualen magische Kräfte zugesprochen wurden.

Daß es die Siebenundvierzig und nicht die Neunundzwanzig ist, der der Mond zugeordnet ist, hängt damit zusammen, daß nicht die Dauer eines Mondzyklus zugrunde gelegt wurde, sondern die Bedeutung der Zahlen, die in der Siebenundvierzig zusammenfließen. Es sind dies die Vier, der Kraft und Ausdehnung zugesprochen werden, die Sieben, die für die Vollendung einer Phase steht, und die Zwei als Quersumme, die den Wechsel zwischen zwei Extremen symbolisiert.

Die Siebenundvierzig verweist darauf, daß alles im Leben in mehr oder weniger geordneten Phasen abläuft. Wie der Mond in regelmäßigen, vorausberechenbaren Intervallen zu- und abnimmt, gibt es im Leben eines Menschen Perioden des Rückzugs und des Kräftesammelns ebenso wie Zeiten, in denen man aus dem vollen schöpft und ohne das Gefühl der Verausgabung seine Kräfte einsetzt. Die Siebenundvierzig und der ihr zugeordnete Vollmond markieren eine Phase der Kraft. Der volle Mond verströmt sein helles Licht in der Nacht; er fördert eine produktive Unruhe. Schlaflosigkeit ist die Kehrseite der Medaille. Aber wer hat nicht auch schon die Erfahrung gemacht, daß dies zu einem rauschhaften, hyperaktiven Zustand dazugehört?

Die Siebenundvierzig als Orakelzahl zeigt eine solche kreative Periode an. Man sollte dann versuchen, die Routine zu durchbrechen, die sonst den Tagesablauf bestimmt. Was immer man sich vorgenommen hat, jetzt ist die Zeit, es durchzuführen. Man wähnt sich im Besitz unerschöpflicher Kräfte und fühlt keine Anzeichen von Ermüdung.

Gerade darum muß die Warnung, die in der Siebenundvierzig enthalten ist, deutlich ausgesprochen werden. Man darf nicht vergessen, daß jeder schöpferischen Phase eine Phase der Erschöpfung folgt. Wer sich die Zeit zur Erholung nicht gönnt, wird sich bald ausgebrannt und am Ende seiner Kraft fühlen. Wer lernt, den natürlichen Wechsel hinzunehmen und sich zunutze zu machen, dessen Licht wird in den Tagen des vollen Mondes um so heller strahlen.

48
Achtundvierzig

Der zugeordnete Begriff ist »Laufen«. Laufen ist eine Art der Fortbewegung, die oft zielgerichtet mit dem Überbringen einer Nachricht verknüpft ist. Während zum Beispiel Lustwandeln eine eher zweckfreie Art der Vorwärtsbewegung ist, wird das Laufen meist in Situationen erforderlich, in denen es auf schnelle Entscheidungen und unverzügliches Handeln ankommt.

Die Achtundvierzig setzt sich zusammen aus der Vier, der Acht und der Drei als Quersumme. Daraus ergeben sich deutliche Hinweise auf die Bedeutung der Zahl. Die Vier ist hier die Zahl der Kraft, die Acht steht für Durchhaltevermögen und Ausdauer. Die Drei steuert den Aspekt des Vermittelns bei. Man denkt sofort an den Boten, der die Nachricht vom Sieg in einer Schlacht überbringt.

Die Achtundvierzig im Orakel weist darauf hin, daß die Dinge in Bewegung geraten. Auch wenn alles scheinbar festgelegt ist, kann es geschehen, daß unvorhergesehene Ereignisse eine neue Orientierung erforderlich machen. Wer dann nicht alle Informationen erhält oder wer mit Entscheidungen zu lange wartet, an dem läuft die Entwicklung vorbei. Die Achtundvierzig macht deutlich, daß nichts im Leben endgültig ist. Wer unbeweglich wird, wer vor satter Selbstzufriedenheit das Laufen verlernt hat, der hat dann das Nachsehen. Tieren ist der Fluchtinstinkt in Zeiten der Gefahr gegeben. Menschen sind mit Vernunft ausgestattet, die ihnen erlaubt, Unterscheidungen zu treffen. Wann ist Flucht erforderlich, wann gilt es standzuhalten? Wichtig ist auch, sich klarzumachen, wohin man läuft. Planloses Umherrennen bringt uns dem Ziel nicht näher.

Die Achtundvierzig zeigt keine unmittelbare Gefahr an, sie will nur helfen, sich auf den denkbaren Ernstfall vorzubereiten. Man muß lernen, auf dem Sprung zu sein. Das heißt nicht, daß man seine Seßhaftigkeit aufgeben soll. Man muß sich nur wappnen für den Moment, der schnelles Reagieren verlangt. Wer dann eine lange Anlaufzeit braucht, verpaßt den Anschluß.

Die Achtundvierzig warnt jedoch auch vor Unrast. Laufen darf nicht zum Selbstzweck werden. Man braucht ein klares Ziel, wenn man nach dem Start nicht umherirren will. Die schnellsten Beine nützen wenig, wenn man nur im Kreis läuft oder wie der Hamster in seinem Laufrad bei aller Anstrengung nicht von der Stelle kommt.

49
Neunundvierzig

Symbol für die Neunundvierzig ist die »Beförderung«, die hier im Sinn des beruflichen oder gesellschaftlichen Aufstiegs gemeint ist. Eine Beförderung ist der Lohn für gute Leistung. Mit ihr ist meist nicht nur ein höheres Einkommen verbunden, sondern die noch wichtigere Anerkennung der geleisteten Arbeit und das öffentliche Lob. Die Aussicht darauf beflügelt den Ehrgeiz und spornt zu verdoppelter Anstrengung an.

Die Neunundvierzig setzt sich zusammen aus der Vier, die hier für Organisationstalent steht, aus der Neun, die den guten Ausgang einer Sache verspricht, und aus einer weiteren Vier, der Quersumme, die Kraft beisteuert. Obwohl dies nicht die einzigen Zutaten für beruflichen Erfolg sind, sind sie doch unverzichtbar.

Die Neunundvierzig ist eine Orakelzahl, die den verborgenen Ehrgeiz anspricht. Wer sich bisher mit seiner Position zufriedengegeben hat, entdeckt vielleicht ganz neue Züge in sich. Ziele tauchen auf, die vorher unerreichbar erschienen. Das Zutrauen in die eigenen Fähigkeiten wächst. Und wer einmal auf den Geschmack gekommen ist, für den bieten sich auf der Karriereleiter immer neue Aufstiegschancen an. Jeder hat schon die Erfahrung gemacht, daß man tatsächlich in den Augen der anderen das ist, was man selbst gern sein möchte und darzustellen bemüht ist. Es ist ein gutes Gefühl zu spüren, daß man den Erfolg selbst steuern kann. Wenn auch das Wünschen allein nicht immer hilft, kann man doch mit Zuversicht, Leistungsbereitschaft und ein wenig Glück mehr erreichen, als man zunächst für möglich hielt.

Die Neunundvierzig zeigt an, daß die Aussichten günstig sind. Sie warnt aber gleichzeitig davor, das Spiel mit tödlichem Ernst zu betreiben. Wo Erfolg ist, sind auch Neider, die alles tun, um dem Aufwärtsstrebenden Knüppel zwischen die Beine zu werfen. Man hüte sich also vor Intrigen.

Gleichzeitig achte man darauf, daß man die Regeln des Fair play nicht verletzt. Wer bereit ist, für den Erfolg über Leichen zu gehen, verdient es, vom Spiel ausgeschlossen zu werden. Die Neunundvierzig kann den Aufstieg nicht garantieren. Sie kann jedoch helfen, sich über die eigenen Wünsche und Ziele Klarheit zu verschaffen, und sie mag den Weg erleichtern, dorthin zu gelangen. Aber einklagbar sind ihre Verheißungen nicht. Die Anstrengung, sich selbst auf den richtigen Weg zu machen, nimmt einem kein Orakel dieser Welt ab.

50
Fünfzig

Mit der Fünfzig verbindet sich der Begriff »Sonnenwende«. Die Winter- und die Sommersonnenwende teilen das Jahr in zwei Hälften. Sie markieren die Punkte, von denen an die Tage länger oder kürzer werden. Wie alle wichtigen Feiertage im Jahreslauf wurden auch die Sonnenwenden im alten Pars gebührend begangen: mit Meditationen, Orakelbefragungen und feierlichen Zeremonien.

In der Fünfzig kommt vor allem der festliche Aspekt der Sonnenwende zum Ausdruck. Die Fünfzig wird gebildet aus der Fünf, der Zahl der Lebendigkeit und Sinnlichkeit, und der Zehn, die den Übergang zu einer neuen Ordnung markiert. Wie alle Zahlen, die eine Zehn enthalten, ist auch die Fünfzig von besonderer Bedeutung, wenn sie sich dem Ratsuchenden an einem Wendepunkt seines Lebens im Orakel offenbart.

Die Fünfzig kündigt einen Wandel in der inneren Einstellung des Fragenden an. Was auch immer das Anliegen ist, mit dem er sich an das Orakel gewandt hat, schon in dem Moment, wo sich ihm die Fünfzig präsentiert, wird er bemerken, daß das Problem nicht so groß ist, wie er befürchtet hat. Was die Fünfzig lehrt, ist, daß man die Dinge in unterschiedlichem Licht sehen kann. Wie die Sonnenwende gefeiert wird, um daran zu erinnern, daß alles im Leben von einer Auf- und-Ab-Bewegung bestimmt ist, weist die Fünfzig darauf hin, daß nichts bleibt, wie es ist. Wer die Gesetzmäßigkeiten der Wandlungen erkennt, wer lernt, sein Leben dem Rhythmus der Jahreszeiten und des wechselnden Sonnenstandes anzupassen, der wird die Aufwärtsphasen bewußter erleben und die Abwärtsbewegungen als notwendiges Gegengewicht zu schätzen wissen.

Die Fünfzig macht deutlich, daß es unklug ist, sich dem natürlichen Lauf entgegenstemmen zu wollen. Wenn die Tage kürzer werden, beginnt man, sich auf lange Abende im häuslichen Kreis einzustimmen. Man sorgt für ausreichende Vorräte an Nahrung und Brennstoff, man freut sich darauf, daß die Arbeit weniger wird, man ruht sich aus von der Betriebsamkeit des Frühlings und des Sommers. Umgekehrt freut man sich auf die Sonne, die nach der Wintersonnenwende jeden Tag ein wenig länger scheint. Nur ein Narr würde versuchen wollen, an diesem Rhythmus etwas zu ändern.

Die Fünfzig lehrt, die Unabänderlichkeiten des Lebens nicht nur hinzunehmen, sondern bedeutsame Zäsuren mit allem gebührenden Ernst zu feiern. Wie die Sonnenwenden Anlaß zu großen Festen sind, sollte man die Wendepunkte des eigenen Lebens nicht sang- und klanglos vorbeiziehen lassen, sondern sie mit Festen markieren, an die man lange zurückdenkt.

51
Einundfünfzig

Der zugeordnete Begriff ist »Saat«. In einer überwiegend bäuerlichen Gesellschaft ist dies ein Symbol, das von jedem Mitglied der Gemeinschaft verstanden wird. Von jeder Ernte wird ein Teil zurückbehalten, der auch in Zeiten größter Not nicht angetastet werden darf, weil er das Saatgut für das kommende Jahr ist.

Die Einundfünfzig wird gebildet aus der Fünf, die für Lebendigkeit steht. Ihr gesellt sich die Eins zu, die Vorausschauen und Beginnen symbolisiert. Zusammen ergeben sie die Sechs, die materielles Wohlergehen verheißt. Wie die Saat die Voraussetzung für die kommende Ernte ist, deutet die Einundfünfzig auf eine lohnende Investition hin.

Die Einundfünfzig im Orakel verspricht nicht den schnellen Wohlstand. Vor der Ernte muß gesät werden, und mit dem Säen ist es noch lange nicht getan. Aber es ist die erste Voraussetzung für kommendes Wachstum. Wer sät, geht viele Risiken ein. Auf wichtige Faktoren hat er jedoch keinen Einfluß. Er muß hilflos zusehen, wie Hagel und Sturm seinen Acker verwüsten, wie die Sonne die Pflanzen versengt, wie Regen die Ernte verfaulen läßt. Und dennoch darf er den Mut nicht verlieren. Wer lange schon den Gedanken an ein Wagnis, eine Veränderung mit sich herumträgt, wird durch die Einundfünfzig bestärkt, das Risiko einzugehen. Wer sich bisher noch nicht einmal den Gedanken an etwas Neues gestattet hat, sollte mutiger werden. Die Zeit ist günstig für Innovationen.

Eine mögliche Gefahr besteht darin, zu sorglos zu sein. Wie immer darf man sich nicht allein auf das Orakel verlassen. Wichtiger ist es, auf die innere Stimme zu hören. Etwas wider alle Vernunft zu riskieren ist nicht Mut, sondern Narrheit. Auch gilt es, den richtigen Samen, das heißt das richtige Vorhaben, auszuwählen. Reis in der Wüste, Zitronen im Hochgebirge – da ist der Mißerfolg programmiert.

Wer gesät hat, weiß, daß jetzt eine arbeitsreiche Zeit bevorsteht. Er kann den bestellten Acker nicht sich selbst überlassen. Auch das Einholen der Frucht bedeutet noch einmal eine große Anstrengung. Aber wer all dies bedenkt, kann damit rechnen, daß seine Saat aufgehen und die Ernte reich sein wird.

52
Zweiundfünfzig

Das Symbol der Zweiundfünfzig ist die »Verlobung«. Im alten Pars war eine Verlobung nicht die Angelegenheit zweier junger Liebender, die heiraten wollen. Es war vielmehr eine Vereinbarung zwischen den Eltern der Brautleute, da Ehen im allgemeinen von den Familien arrangiert wurden. Dies galt besonders bei den höheren Ständen, für die es bei einer Eheschließung weniger um Liebe als um Politik ging.

Die Zweiundfünfzig, zusammengesetzt aus der Fünf, der Zwei und der Sieben, verbindet die Begriffe Partnerwahl, Dualität und Reife auf eine Weise, die den Sinn der Verlobung deutlich macht. Daß es bei einer Verlobung um die Wahl des Partners geht, liegt auf der Hand. Da diese Wahl aus zwei Menschen mit ihren unterschiedlichen Persönlichkeiten ein Paar machen sollte, war Lebenserfahrung gefragt, die sich junge Leute nur in Ausnahmefällen schon erworben hatten. Folglich vertraute man auf die Reife der Älteren, und die Jüngeren akzeptierten die für sie getroffene Entscheidung.

Die Zweiundfünfzig kann auch heute noch sinnvoll gedeutet werden, auch wenn Verlobung eine altmodische Sache zu sein scheint. Es geht ja um nichts anderes als um die Möglichkeit, eine aus dem Gefühl heraus getroffene Entscheidung noch einmal zu überdenken. Das kann heute wichtiger sein als zu der Zeit, da Ehen nicht in erster Linie aus Liebe geschlossen wurden, sondern Verträge mit genau abgesprochenen Verpflichtungen für beide Partner darstellten. Wer seinen Gefühlen eine Probezeit einräumt, handelt verantwortungsbewußt. Wer die Konsequenzen seines Handelns auszuloten versucht, geht mit weniger Illusionen an eine Sache heran.

Die Zweiundfünfzig regt dazu an, eine Entscheidung von großer Tragweite, und dies muß nicht nur eine Eheschließung sein, sehr gründlich zu überlegen. Das heißt nicht, daß man sich ein mögliches Scheitern ausmalen soll. Man sollte aber seine Erwartungen genau formulieren können und sie mit den Erwartungen des Partners vergleichen. Wer so von Anfang an den Dialog sucht, schafft die Voraussetzung für ein gutes Gelingen.

Die Gefahr liegt allerdings darin, sich am Ende nur noch auf den Verstand zu verlassen. Aufgabe ist es, Gefühl und Verstand in ein ausgewogenes Verhältnis zueinander zu bringen, um nicht in einem ständigen Widerstreit zu leben. Wer sein Gefühl mit Argumenten stützen kann, wer beim Argumentieren ein gutes Gefühl hat, dem werden auch schwierige Entscheidungen leichter fallen.

53
Dreiundfünfzig

Mit der Dreiundfünfzig ist der Begriff »Kochen« verbunden. Kochen ist ein täglicher Brauch, seitdem der Mensch seßhaft geworden ist. Das Bedürfnis nach Nahrung, die nicht nur sättigend, sondern auch wohlschmeckend sein soll, ist eines der ältesten überhaupt. Köche, die die Kunst der Speisenzubereitung virtuos beherrschen, sind in allen Kulturen hochangesehene Persönlichkeiten.

In der Dreiundfünfzig fließen die Lebendigkeit und Sinnlichkeit der Fünf und die Phantasie der Drei zusammen. Gemeinsam mit der ewigen Wiederholung der Acht bilden sie die Grundlage für unzählige Variationen zum immer gleichen Thema. Kochen ist die Kunst, aus altbekannten Zutaten ständig neue Gerichte zu schaffen, die das Auge ebenso zufriedenstellen wie den Gaumen und Magen.

Die Dreiundfünfzig im Orakel weist nur eher beiläufig darauf hin, daß im Ratsuchenden ein verborgenes Talent schlummern könnte. Natürlich sollte man einem solchen Hinweis immer nachgehen, ihn andererseits aber nicht zu wörtlich nehmen. Es kommt vielmehr darauf an, zunächst einmal die eigene Genußfähigkeit zu entwickeln. Erst wenn man ein Gespür für die Vielfalt der möglichen Geschmacksvarianten erworben hat, kann man ermessen, wieviel Mühe, Phantasie und Geschick in einem wirklich kunstvoll zubereiteten Gericht stecken. Wer so sein Unterscheidungsvermögen geschärft hat, dem erschließt sich ein ganzes Universum neuer Eindrücke. Wer dann noch lernt, sich an den Geschmack bestimmter Gerichte präzise zu erinnern, der bereichert sein Gedächtnis um eine völlig neue Dimension.

Das Geheimnis vollendeten kulinarischen Genusses liegt darin, daß über die Geschmacksknospen der Zunge direkt das Erinnerungsvermögen angesprochen wird. Wer hat sich nicht schon mit einem Bissen seiner Leibspeise in seine Kindheit zurückversetzt? Das Gefühl, das Verrinnen der Zeit aufhalten zu können, ist um so ausgeprägter, je eindeutiger der Geschmack einer Speise ist. Das gibt der Kochkunst einen Beigeschmack von Magie, was übrigens in vielen alten Volksmärchen zum Ausdruck kommt. Hier sei nur an Zwerg Nase erinnert, den es in ähnlicher Gestalt auch im Persischen gibt.

Die Dreiundfünfzig will deutlich machen, daß es gerade die kleinen Dinge sind, die oft eine große Wirkung haben und die man deswegen nicht vernachlässigen darf. Der Grat zwischen einer gutgewürzten und einer versalzenen Speise ist schmal. Wer auf ihm sicher zu wandeln weiß, kann sich der Bewunderung seiner Umgebung sicher sein.

54
Vierundfünfzig

Die Vierundfünfzig entspricht dem Begriff »Trennung«. Dabei denkt man vor allem an die Trennung von einer geliebten Person, die um so schwerer fällt, je weniger man die Gründe für die Trennung nachvollziehen kann. Die radikalste Trennung ist der Tod, mit dem sich wohl niemand abzufinden vermag. Jede Trennung von einem lieben Menschen ist wie ein kleiner, zu Lebzeiten vorweggenommener Tod.

Die Vierundfünfzig ist bestimmt von der Fünf, die immer auf Herzensangelegenheiten verweist, von der Vier, die in diesem Zusammenhang für Schwermut steht, und von der Neun, deren Bedeutung hier die des erreichten Zieles im negativen Sinn ist. Am Ende des Weges angekommen zu sein ist ja keineswegs immer ein befriedigendes Gefühl. Je mehr der Weg das Ziel gewesen ist, desto weniger mag man sich damit abfinden, daß man nun nicht mehr umkehren kann.

Die Vierundfünfzig ist eine der wenigen Zahlen im Orakel, die eine negative Grundstimmung haben. Und doch wäre es falsch, sie als eine Unglückszahl zu bezeichnen. Niedergeschlagenheit gehört zum Leben, und ein Orakel, das nicht versuchte, den Ratsuchenden auch auf die dunklen Seiten seiner Existenz vorzubereiten, wäre nicht ernst zu nehmen. Wie auch die anderen Zahlen nicht auf ein bevorstehendes konkretes Ereignis hinweisen, so kündigt die Vierundfünfzig eine Trennung nicht unmittelbar an. Man sollte aber die Gelegenheit nutzen, sich in Gedanken auf die Möglichkeit einer Trennung vorzubereiten. Wie würde man darauf reagieren? Wäre man gelähmt vor Schmerz, oder würde man den Verlust als Chance begreifen, von neuem auf Menschen zuzugehen?

Meist geht einer Trennung eine langsame, unmerkliche Entfremdung voraus. Man muß wachsam sein und sich und den anderen genau beobachten, damit man die Warnsignale nicht übersieht. Nur wer Entwicklungen frühzeitig wahrnimmt, hat noch die Chance, auf sie einzuwirken. Das ist die Botschaft der Vierundfünfzig: Man darf sich nicht von den Ereignissen überrollen lassen. Wer seinen Handlungsspielraum einbüßt, hat schon verloren.

Gerade bei einer Trennung neigt man dazu, sich die Initiative aus der Hand nehmen zu lassen. Mag eine Trennung auch manchmal unvermeidlich sein, die Möglichkeit eines Neuanfangs birgt sie allemal. Die Vierundfünfzig kann hier helfen, den Blick wieder auf die Zukunft zu richten.

55
Fünfundfünfzig

Symbol der Fünfundfünfzig ist das »Meer«. Mit dem Meer ist in fast allen Kulturen der Schöpfungsmythos verknüpft. Aus dem Meer kam nach alter Vorstellung alles Leben. Auch in der Überlieferung der Parsen gab es vor der Entstehung der Erde eine große Flut. Nachdem das Wasser sich an einigen Stellen gesammelt hatte, breitete sich das fruchtbare Land zwischen den Meeren aus.

Die Fünfundfünfzig weist zweimal die Fünf auf, in der Quersumme ergibt sie die Eins. Die doppelte Lebendigkeit und die Vollkommenheit drücken sich in ihr aus. Noch aus einem anderen Grund gilt die Fünfundfünfzig als Zahl der Vollkommenheit: Sie ist die Summe aller Zahlen von Eins bis Zehn. Das verleiht ihr etwas Geheimnisvolles und hat von jeher zu allerlei Spielereien Anlaß gegeben.

Die Fünfundfünfzig verweist auf das Unendliche. Wie das Meer keinen Anfang und kein Ende hat, sich nach allen Richtungen ausbreitet und in unaufhörlicher Bewegung nie zum Stillstand kommt, zeigt die Fünfundfünfzig im Orakel eine Phase der nahezu unbegrenzten Ausdehnung an. Das mag heißen, daß der Fragende Gelegenheit finden wird, seine Talente ungehindert zu entfalten. Das kann aber ebensogut auf eine sehr lange und weite Reise mit ungewissem, immer aber glücklichem Ausgang hindeuten. Wie auch in der altpersischen Traumsymbolik, in der das Meer darauf hinweist, daß ein jeder auf dem Schiff seines Lebens das Steuer nicht aus der Hand geben darf, legt auch die Fünfundfünfzig im Zahlenorakel nahe, am Ruder zu bleiben, das heißt, die Verantwortung für das eigene Leben zu übernehmen.

Das Meer ist oft ein Symbol für eine unbestimmte, tiefe Sehnsucht. Auch wer vom Meer nur gehört, es nie gesehen hat, weiß um seine Anziehungskraft. Unendlichkeit und Weite des Meeres finden sich ähnlich nur noch in der Wüste. Wie sie birgt es Gefahren, die nur von starken Menschen gemeistert werden können.

Gleichzeitig ist das Meer der Ort, wo alles Leben seinen Anfang nahm. So steht die Fünfundfünfzig als Symbol für die Herausforderung des Lebens, die angenommen werden muß. Der starke Aspekt von Lebendigkeit in der Fünfundfünfzig weist auf eine ausgesprochen günstige Prognose hin. Die Zeit ist reif, zu neuen Ufern aufzubrechen. Die Reise wird zu einem – möglicherweise überraschenden – Ziel führen. In jedem Fall aber lohnt sie sich.

56
Sechsundfünfzig

Mit der Sechsundfünfzig verbindet sich der Begriff »Holz«. Holz ist von alters her ein Material, zu dem der Mensch eine besondere Verbindung hat. Leichter verfügbar und einfacher zu bearbeiten als Metall, dient es sowohl als Baustoff als auch als Brennmaterial und spielt so eine wichtige Rolle im täglichen Leben. Holz ist aber nicht nur von praktischem Nutzen, sondern spricht darüber hinaus die Sinne an. Es ist angenehm anzufassen, duftet zart und weist eine lebendige Zeichnung auf.

Wieder ist es die Fünf, die die Verbindung zur Lebendigkeit und Sinnlichkeit herstellt. Die in der Sechsundfünfzig enthaltene Sechs deutet auf den geschlossenen Raum, die Behausung hin, die oft aus Holz hergestellt ist. Den Beigeschmack des Paradoxen liefert die Zwei als Quersumme.

Die Sechsundfünfzig ist somit eine Zahl, die nicht leicht zu deuten ist. Einerseits scheint sie auf Häuslichkeit und Alltäglichkeit hinzuweisen. Andererseits verbinden sich mit ihr Geschmeidigkeit und die Fähigkeit, auch besonderen Belastungen standzuhalten. Dieser scheinbare Widerspruch löst sich auf, wenn man bedenkt, daß Holz, bevor es verarbeitet wird, als Baum lebendig ist. Die Sechsundfünfzig als Orakelzahl hat eine günstige Bedeutung. Man wird Ausgeglichenheit und inneren Frieden finden, aber nicht um den Preis des faulen Kompromisses. Wenn man sich des eigenen Standpunkts sicher ist, wird man auch auf andere Einfluß nehmen können, ohne seiner Autorität mit Gewalt Nachdruck verleihen zu müssen.

Wie Holz immer eine besondere Ausstrahlung hat, auf viele Menschen sinnlich wirkt und zum Anfassen reizt, wird ein Mensch, der unter dem Einfluß der Sechsundfünfzig steht, anziehend auf andere wirken. Man wird seine Nähe suchen, weil man sich in seiner Gegenwart geborgen, aber nicht eingeengt fühlt. Es tut gut, die eigene Beliebtheit zu erfahren. Man hüte sich aber vor Einbildung und Dünkelhaftigkeit.

Hierin liegt nun die Warnung begründet: Ein wesentliches Merkmal von Holz ist seine Geschmeidigkeit. Es ist ein lebendiges Material, solange es nicht spröde wird und vertrocknet. Man achte darauf, daß man sich diese Geschmeidigkeit erhält und nicht starr und unbeugsam in seinen Ansichten wird. Holz ist aber auch ein Material, das in Würde und Schönheit altert. So ist die Sechsundfünfzig eine Orakelzahl, die auf ein langes und reiches Leben hinweist.

57
Siebenundfünfzig

Das mit der Siebenundfünfzig verbundene Schlüsselwort heißt »Ring«. Ein Ring ist ein geschlossener Kreis; er symbolisiert Dauerhaftigkeit und Unvergänglichkeit. Er ist gleichermaßen ein Zeichen von Macht und von Zuneigung. Einer Frau einen Ring zu schenken, hat in fast allen Kulturen die gleiche Bedeutung: Es ist die Aufforderung zum gemeinsamen Leben.

In der Siebenundfünfzig ist neben der Fünf, die hier für Partnerwahl steht, die Sieben wirksam. Sie zeigt die Vollendung einer Phase an. Beide zusammen ergeben als Quersumme die Drei, die Zahl der Phantasie ebenso wie der Aufhebung der Gegensätze. In nahezu idealer Weise verkörpern diese drei Zahlen die Voraussetzungen für das Gelingen einer Ehe.

Die Siebenundfünfzig weist somit deutlich darauf hin, daß der Zeitpunkt günstig ist, das Wagnis einer lebenslangen Verbindung einzugehen. Deshalb gehört sie zu den wenigen Zahlen, die für Kinder oder sehr alte Menschen nur eine eingeschränkte Bedeutung als Orakelzahl haben. Einem jungen Menschen wird angedeutet, daß es an der Zeit ist, sich nach dem Lebenspartner umzusehen. Dies ist im alten Pars traditionell die Aufgabe des Mannes, ebenso wie es ihm zukommt, den Ring, das Symbol der Verbindung, auszuwählen. Da sich in westlichen Kulturen diese Sitte etwas gelokkert hat, ist die Siebenundfünfzig hier auch für eine junge Frau ein deutlicher Hinweis. Wer den Lebenspartner schon gefunden hat, sollte sich Gedanken machen, wie die Partnerschaft lebendig gehalten werden kann.

In diesem Zusammenhang sei besonders die Quersumme drei hervorgehoben. Phantasie ist ein wichtiger Bestandteil jeder zwischenmenschlichen Beziehung. Hier weist die Phantasie der Drei darauf hin, daß auch eine scheinbar ganz traditionelle und herkömmliche Geste, wie die des Ringtauschs bei der Eheschließung, immer neu interpretiert werden muß, wenn sie einen lebendigen Sinn behalten soll.

Auf eine Nebenbedeutung des Symbols soll hier noch kurz eingegangen werden. Auch ein Herrscher trägt einen Ring als Zeichen seiner Macht. Sich aber in einer Ehe als Despot aufspielen zu wollen, davor seien beide Partner nachdrücklich gewarnt. Daß beide den gleichen Ring tragen, soll sie daran erinnern, daß sie einander ebenbürtig sind. Wer dies beherzigt, dem stellt die Siebenundfünfzig gutes Gelingen in Aussicht.

58
Achtundfünfzig

Der Achtundfünfzig ist der Begriff »Gesang« zugeordnet. Singen ist eine ganz besondere Lebensäußerung. Man singt aus Freude, aber auch dann, wenn man trauert. Gesang kann eine eintönige Arbeit erträglicher machen; er ertönt zu Festen, man singt gemeinsam oder hört einem Sänger zu, der seine Kunst vorführt. In jedem Fall verleiht man mit Gesang seinen Gefühlen Ausdruck.

Auch in der Achtundfünfzig ist die Fünf als Zahl der Lebendigkeit und Sinnlichkeit wirksam. Zu ihr gesellt sich die Acht, die auf Kraft und Wiederholung hinweist. Zusammengenommen ergeben sie die Vier, deren Hauptmerkmal hier Ordnung ist. Auf diese Weise lassen sich auch Gesang, Musik, Melodie umschreiben: Lebendigkeit, Kraft, Ordnung.

Die Achtundfünfzig ist als Orakelzahl der Siebenunddreißig, die »Musik« symbolisiert, nahe verwandt. Beide Zahlen weisen über den manchmal monotonen Alltag hinaus und deuten Wege an, das eigene Leben zu bereichern. Musik, Gesang – beide sind nicht an einem kalkulierbaren Nutzen orientiert. Natürlich kann man auch als Musiker und Sänger seinen Lebensunterhalt verdienen, aber hier bestimmt nicht die Vernunft, sondern die Begabung die Berufswahl. Im Orakel weist die Achtundfünfzig weniger auf eine zu entdeckende Stimme als auf ein verschüttetes Talent hin, den eigenen Empfindungen Gehör zu verschaffen. Wer bisher seinen Gefühlen nicht den angemessenen Ausdruck verleihen konnte, wird ermutigt, der eigenen Kraft zu vertrauen. Dann werden auch andere erstaunt feststellen, was in ihm steckt. Gesang läßt immer aufhorchen.

Es sei aber darauf hingewiesen, daß Gesang nicht mit Gebrüll oder unartikuliertem Gekrächze verwechselt werden darf. Man kann singend schlecht etwas vortäuschen, was nicht wirklich empfunden wird. Die Zuhörer merken ganz genau, wenn ihnen etwas vorgemacht werden soll. »Böse Menschen haben keine Lieder« – dieses deutsche Sprichwort hat eine Entsprechung im Persischen.

Die eigene Stimme finden, das ist die Botschaft der Achtundfünfzig. Nicht immer ist sie ganz wörtlich zu nehmen. Es gibt vielfältige Formen, sich auszudrükken, so daß auf Gesang verzichten sollte, wer sich nicht dabei wohl fühlt. Aber nach einer Möglichkeit zu suchen, sich über die Alltäglichkeiten zu erheben, ist immer ein lohnendes Unterfangen.

59
Neunundfünfzig

Der der Neunundfünfzig zugeordnete Begriff ist »Eltern«. Eltern sind für ein Kind die wichtigsten Personen im Leben. Auch wenn man schon lange erwachsen ist und glaubt, sich abgenabelt zu haben, erlischt die Beziehung zu den eigenen Eltern, wenn überhaupt, meist erst mit deren Tod. Von ihnen bekommt man die entscheidenden Impulse mit auf den eigenen Weg. Und gerade wer versucht, ihren Einfluß zu leugnen, macht damit deutlich, wie sehr er noch von ihnen bestimmt wird.

Die Neunundfünfzig setzt sich zusammen aus der Fünf und der Neun, die hier Lebendigkeit und das erreichte Ziel symbolisieren. In der Quersumme ergibt sich eine weitere Fünf, die der Lebendigkeit zusätzlichen Nachdruck verleiht. Verwandt ist die Neunundfünfzig – zwar erst auf den zweiten Blick, dafür um so enger – mit der Dreiundvierzig. Beide Zahlen bilden sozusagen die Kehrseiten derselben Medaille.

Die Neunundfünfzig regt als Orakelzahl dazu an, das Verhältnis sowohl zu den eigenen Eltern als auch zur Idee der Elternschaft überhaupt zu überdenken. Für die meisten Menschen sind diese Themen von zentraler Bedeutung. Man kann sich zwar gegen eigene Kinder entscheiden, aber der Tatsache, daß man das Kind seiner Eltern ist, bleibt man ein Leben lang verhaftet. Ob man seine Eltern nun haßt, liebt oder überhaupt nie kennengelernt hat – vielleicht weil sie starben, als man noch sehr klein war –, immer wieder wird man sich die Frage stellen, wieviel von ihnen in einem selbst lebendig ist. Das mag mehr sein, als einem lieb ist. Aber nur wenn man versucht, sich die Frage nach dem Woher ehrlich zu beantworten, wird man auch die Frage nach dem Wohin stellen können.

Die Neunundfünfzig weist darauf hin, daß man als Mensch nicht losgelöst von anderen existieren kann. Man ist das Glied einer langen Kette, und man steht irgendwann vor der Entscheidung, diese Kette fortzuführen oder zu unterbrechen. Wenn man die Entscheidung, Kinder zu haben, bewußt treffen möchte, dann sollte man sich beizeiten über das Verhältnis zu den eigenen Eltern Klarheit verschaffen. Denn ob man will oder nicht, immer wird es für das Verhältnis zu den eigenen Kindern als Modell dienen.

Die Neunundfünfzig im Orakel deutet möglicherweise darauf hin, daß es an der Zeit ist, bestehende Unstimmigkeiten zwischen Eltern und Kindern aus dem Weg zu räumen. Unter dem Einfluß dieser Zahl werden beide Seiten bereit sein, sich gegenseitig als gleichberechtigte Mitglieder derselben Familie zu akzeptieren. Wer elternlos aufgewachsen ist, der erfährt vielleicht in naher Zukunft etwas über seine Herkunft.

60
Sechzig

Der mit der Sechzig verknüpfte Begriff ist »Besitz«. Besitz kann das Leben sehr angenehm gestalten. Er ist für viele Menschen erstrebenswert, weil er ihnen ein Gefühl der Sicherheit vermittelt. Besitz kann aber auch einsam machen, nämlich dann, wenn man sich übertriebene Sorgen um den Erhalt und die Vermehrung des Erreichten macht.

Die Sechzig, das Produkt aus Sechs und Zehn, ist gekennzeichnet durch den diesen Zahlen zugeschriebenen materiellen Wohlstand und sicheren Platz in der Gesellschaft. Besitz ist immer mit einem gewissen Status verbunden. Oft ist der mit dem Wohlstand einhergehende Imagegewinn dem Besitzenden wichtiger als der Reichtum selbst.

Die Sechzig im Orakel ist ein handfester Hinweis darauf, daß es an der Zeit ist, sich Gedanken über die eigene Einstellung zu Geld und Besitz zu machen. Es kommt weniger darauf an, sich zu überlegen, wie man den eigenen Wohlstand vermehren könnte. Vielmehr ist es angebracht, das dem eigenen Wohlbefinden zuträgliche Maß zu halten. Wer nur dann beruhigt schlafen kann, wenn er weiß, daß er für Notzeiten vorgesorgt hat, der sollte versuchen, ein beruhigendes Polster an Reichtümern zusammenzutragen. Wer sich hingegen bei dem Gedanken an Besitz eingeengt fühlt, für den ist es sicher besser, sein Leben so einzurichten, daß er nicht zuviel Verantwortung übernehmen und Abhängigkeiten eingehen muß.

Besitz soll nicht zur Fessel werden. Für manchen ist sein wertvollster Besitz die persönliche Freiheit, jederzeit die Zelte abbrechen zu können. Einem anderen ist die Gewißheit wichtig, sich alle Annehmlichkeiten dieser Welt kaufen zu können. Für welchen Weg auch immer man sich entscheidet, er muß dem eigenen Naturell entsprechen. Sonst dämmert das Unglück schon am Horizont.

Selten ist die Sechzig Vorbote einer spektakulären Vermehrung des Besitzes, etwa durch Erbschaft oder unvermuteten Gewinn. Auf keinen Fall sollte man sich darauf verlassen, daß demnächst eine größere Geldsumme ins Haus steht. Aber es kann nicht schaden, sich vorzustellen, wie man sein Leben einrichten würde, wenn man über den ersehnten Reichtum verfügte. Nur wenn man weiß, was man will, kann man darauf hinarbeiten, es zu erreichen. Und materieller Wohlstand ist allemal beeinflußbarer als Liebesglück.

61
Einundsechzig

Der Einundsechzig ist der »Traum« zugeordnet. Der Traum ist in der Vorstellung des alten Pars ein Orakel aus dem Dunkel, eine Botschaft aus dem Schatten der Nacht. Es gibt eine reichhaltige und populäre Traumsymbolik, die bis in Redewendungen der persischen Gegenwartssprache hinein erhalten ist. »Schlafschauen« heißt, Hinweise auf die eigene Zukunft zu gewinnen. Daher kommt der Einundsechzig im Zahlenorakel eine besondere Bedeutung zu.

Die Einundsechzig ist zusammengesetzt aus der Sechs, die die Ruhe und den Frieden des Schlafes verkörpert, und der Eins, die hier für das Beginnen steht. In der Quersumme ergeben sie die Sieben, die Zahl der Weisheit, der Empfindsamkeit, des intuitiven Wissens und der Reife. Im Schlaf das Wissen um die Zukunft gewinnen – so könnte die Bedeutung der Einundsechzig umschrieben werden.

Die Einundsechzig als Orakelzahl deutet darauf hin, daß der Fragende sich insgeheim schon lange Gedanken um die Zukunft macht, die über die normale menschliche Neugier weit hinausgehen. Wem das Orakel diese Zahl offenbart, der hat nicht selten schon

Träume gehabt, die ihn vielleicht beunruhigt haben, weil das im Traum Geschaute kurz darauf Wirklichkeit wurde. Die Einundsechzig will die Aufmerksamkeit des Fragenden erneut auf seine Träume richten, ihn ermutigen, sich stärker als bisher von ihren verborgenen Botschaften leiten zu lassen. Wichtig dabei ist, daß man immer nur die eigenen Träume deutet. Auch sollte man sich davor hüten, andere Menschen, denen im Traum Unglück widerfahren ist, zu warnen. Träume haben immer nur für den Träumenden selbst eine sinnvolle Botschaft (siehe mein Buch »*Altpersische Traumsymbole*«, Ariston Verlag).

Die Einundsechzig ist möglicherweise auch ein Hinweis darauf, daß man sich zu sehr mit der Zukunft beschäftigt. Wie das Traumgeschehen scheint auch die Zukunft unbeeinflußbar zu sein. Daß dem nicht so ist, gerade darauf gründet das Zahlenorakel. Wer auf bestimmte Entwicklungen gefaßt ist, den können sie nicht mehr mit voller Wucht treffen.

Noch einmal sei davor gewarnt, sich zum Traumdeuter für andere aufschwingen zu wollen. Wer ist schon mit der inneren Welt eines anderen Menschen so vertraut, daß er sich erlauben könnte, Ratschläge für die Zukunft zu erteilen. Träume haben grundsätzlich eine positive Kraft, die sich aber ins Gegenteil verkehren kann, wenn man unvorsichtig damit umgeht.

62
Zweiundsechzig

Mit der Zweiundsechzig ist der Begriff »Reise« verbunden. Eine Reise zu unternehmen heißt, sich für eine Weile aus seiner gewohnten Umgebung zu lösen, zu neuen Ufern aufzubrechen, unbeschrittene Wege einzuschlagen. Reisen bedeutet aber auch, Mühen auf sich zu nehmen, um sein Ziel zu erreichen. Auf einer Reise kann viel Unvorhergesehenes geschehen, und der Reisende tut gut daran, sich auf Unannehmlichkeiten einzustellen.

Die Zweiundsechzig enthält mit der Sechs ein Element von Häuslichkeit. Diese gilt es, zumindest vorübergehend, hinter sich zu lassen. Die Zwei, die den Wandel zwischen zwei Extremen verkörpert, weist auf die Situation des Reisenden hin, der zwar den Ausgangspunkt verlassen hat, aber noch nicht am Ziel angekommen ist. Die Acht, die sich als Quersumme ergibt, verspricht Durchhaltevermögen und verdoppelte Kraft.

Die Zweiundsechzig als Orakelzahl deutet bevorstehende Veränderungen an. Damit ist nun gerade nicht gemeint, daß der Fragende schicksalsergeben darauf warten soll, daß etwas geschieht. Vielmehr fordert ihn die Zweiundsechzig auf, aktiv zu werden. Er erhält einen unmißverständlichen Hinweis darauf, daß er fast schon zu lange am selben Ort verharrt, vielleicht sogar auf der Stelle tritt. Er sollte darüber nachdenken, zu welchen neuen Ufern er aufbrechen könnte. Es geht nicht um Veränderung um ihrer selbst willen. Wer zu der Überzeugung gelangt, daß er im Grunde auf dem richtigen Weg ist, der sollte zumindest seine Wahrnehmung schärfen, sein Ziel neu definieren und den Weg bewußt gehen.

Reisen bedeutet immer eine Erweiterung des Horizonts. Sicher ist es oft schmerzhaft, sich von liebgewordenen Menschen, Orten und Gewohnheiten verabschieden zu müssen. Ohne diese Abschiede würde das Leben jedoch erstarren. Wer aus Angst vor dem Abschied darauf verzichtet, sein Ziel neu ins Auge zu fassen, der muß sich nicht wundern, wenn er feststellt, daß er auf der Strecke bleibt.

Gewarnt werden sollte vor dem Reisen, wenn es den Charakter von Flucht annimmt. Reisen kann auch ein Weglaufen sein. Eine Reise ohne Ziel, die ohne eine bestimmte Absicht unternommen wird, kann damit enden, daß der Reisende zum Heimatlosen wird. Es gilt, die Balance zu finden zwischen Häuslichkeit und Neugier auf die Welt. Wem es gelingt, mit immer wieder neuen Anregungen in seinen Alltag zurückzukehren, für den ist jede Reise aufs neue ein Gewinn.

63
Dreiundsechzig

Die Dreiundsechzig ist mit dem Begriff »Schmuck« verbunden. Schmuck ist einerseits zur Schau gestellter Wohlstand. Andererseits drückt sich in Schmuck das dem Menschen eigene Bedürfnis aus, sich aus der Masse herauszuheben. Wer sich schmückt, möchte sich durch die bewundernden Blicke der anderen des eigenen Wertes versichern. Wer unauffällig bleiben will, der schmückt sich nicht. Schmuck ist daher immer auch eine Einladung, mit anderen Menschen in Kontakt zu treten.

Die Dreiundsechzig setzt sich zusammen aus der Wohlstand verheißenden Sechs, der Glückszahl Drei, der auch die Phantasie zugeordnet wird, und der Neun als Quersumme, die das erreichte Ziel verkörpert. Mit Schmuck beschäftigt sich, wen Alltagssorgen nicht drücken. Wer nicht weiß, woher das tägliche Brot kommen soll, der hat keinen Sinn für Luxus, dessen auffälligstes Symbol Schmuck ist.

Die Dreiundsechzig ist nicht ganz einfach zu deuten. Sie kann zunächst als Hinweis auf Eitelkeit verstanden werden. Sich zu schmücken ist zunächst ein ganz normales Bedürfnis, artet es jedoch zur Putzsucht aus, droht Gefahr. Der Grat zwischen gesundem Selbstbewußtsein und arroganter Selbstgefälligkeit ist schmal. Die Dreiundsechzig weist darüber hinaus auf einen hochentwickelten (oder noch ausbaufähigen) Sinn für Schönheit hin. Schmuck wird ja nicht allein aufgrund seines materiellen Wertes geschätzt. Kostbar wird er eigentlich erst durch die Verwandlung teuren Materials in ein einzigartiges Kunstwerk, das durch seine Schönheit seinen Besitzer vorteilhaft zur Geltung bringt.

Die Warnung der Dreiundsechzig vor zuviel Eitelkeit ist sehr ernst zu nehmen. Wer sich selbst zu sehr in den Mittelpunkt stellt, wer nur noch darüber nachdenkt, wie er seine Umgebung beeindrucken oder gar blenden kann, der manövriert sich bald ins gesellschaftliche Abseits. Wem nur die äußere Erscheinung wichtig ist, der muß sich über die allmähliche Verflachung seiner Persönlichkeit nicht wundern. Er sollte aber bedenken, daß alle Schönheit vergänglich ist.

Die Dreiundsechzig regt dazu an, darüber nachzudenken, was für den Fragenden angemessen ist. Schmückt er sich mit fremden Federn? Heftet er sich Orden an die Brust, die ihm nicht zustehen? Redensarten wie »Bescheidenheit ist eine Zier«, die es ähnlich auch im Persischen gibt, deuten darauf hin, daß der schönste Schmuck eines Menschen sein Charakter ist, und die Aufgabe, an dessen Verfeinerung zu arbeiten, wird ihn sein Leben lang begleiten.

64
Vierundsechzig

Der Vierundsechzig ist der Begriff »Land« zugeordnet. Land ist hier nicht als Vaterland zu verstehen, sondern im Sinn von Grund und Boden. Landbesitz ist für eine bäuerliche Gesellschaft der wichtigste Reichtum. Wer seinen eigenen Boden bebauen kann, ist nicht darauf angewiesen, bei anderen in Lohn und Brot zu stehen. Er kann die Früchte des eigenen Feldes ernten.

Die Vierundsechzig setzt sich zusammen aus der Sechs, die Seßhaftigkeit symbolisiert, und der Vier, die für Ordnung, aber auch für Kraft steht. Dazu kommt als Quersumme die Eins, die auf immer wieder neues Beginnen hinweist. Mag der Boden auch steinig sein und harte Arbeit erfordern – wer Land besitzt, wird es nicht ohne Grund verlassen. Die Vierundsechzig steht somit für Heimatverbundenheit und Bodenständigkeit.

Die Vierundsechzig als Orakelzahl kann als Anregung gedeutet werden, über die eigene Seßhaftigkeit nachzudenken. Wer bisher ein unstetes Leben geführt hat, für den ist vielleicht die Zeit gekommen, sich niederzulassen. Wer hingegen bisher über den eigenen Gartenzaun nicht hinausgeschaut hat, der sollte zur Erweiterung des Horizonts einen Ortswechsel in Erwägung ziehen. Jedoch sollte dies nicht mißverstanden werden als Aufforderung zur Veränderung um der Veränderung willen. Wer die ihm gemäße Lebensform gefunden hat, sollte sich von keinem Orakel dieser Welt verunsichern lassen. Aber sich von Zeit zu Zeit zu fragen, ob man so lebt, wie man leben möchte, kann verhindern, daß man sich eines Tages in einer Sackgasse wiederfindet.

Die Vierundsechzig kann aber auch in einem übertragenen Sinn darauf hinweisen, daß man möglicherweise mit beiden Beinen etwas zu fest auf dem Boden steht. Wer sich allzu bereitwillig in vorgegebene Formen einfügt, wer Traditionen übernimmt, ohne ihren Sinn zu verstehen, neigt leicht dazu, starr und unbeweglich zu werden. Etwas nur deshalb auf eine bestimmte Weise zu tun, weil man es schon immer so gemacht hat, mag praktisch sein. Man beraubt sich aber so der Möglichkeit, ganz neue Erfahrungen zu machen.

Auch wenn für den modernen westlichen Menschen das eigene Stück Land kaum noch eine Bedeutung hat, ist doch vielen noch ein wenig Erdverbundenheit erhalten geblieben. Wer einen Garten hat, weiß, wie entspannend es ist, mit eigenen Händen zu graben, zu säen und zu ernten. Und er erfährt, wie wichtig es ist, einen Ort zu haben, an dem man Wurzeln schlagen kann. Die Vierundsechzig ist ein Zeichen, das gemahnt, über die eigenen Wurzeln nachzudenken.

65
Fünfundsechzig

Mit der Fünfundsechzig verbindet sich der Begriff »Genesung«. Genesung ist die Phase des Übergangs zwischen Krankheit und Gesundheit. Sie ist nichts Statisches, sondern ein dynamischer Prozeß. Der Körper sammelt neue Kraft, die Gedanken kreisen nicht mehr nur um die eigenen Gebrechen. Man beginnt, sich wieder auf sein normales Leben einzustellen – mit einem veränderten Bewußtsein über den Wert von Gesundheit.

In der Fünfundsechzig sind neben der Sechs, die für körperliches Wohlergehen steht, die Fünf und als Quersumme die Zwei wirksam. Die Fünf weist auf Lebendigkeit hin, auf das Zusammenwirken aller fünf Sinne. Die Zwei symbolisiert den Wandel zwischen Extremen. Die Genesung ist der Weg von der Pforte des Totenreichs, an die der Kranke mehr oder weniger zaghaft angeklopft hat, zurück ins Leben.

Die Fünfundsechzig gehört zu den Zahlen, die nur in den seltensten Fällen konkret auf den ihnen zugeordneten Begriff bezogen werden können. Natürlich darf ein Kranker, dem das Orakel diese Zahl zuweist, auf eine rasche Genesung hoffen. Wer aber im Zustand guter Gesundheit die Fünfundsechzig erhält, sollte dies zum Anlaß nehmen, über den Wert seines Lebens nachzudenken. Zur Genesung gehört immer der Wille des Kranken, wieder gesund zu werden. Oft entscheidet sich bei einer schweren Krankheit der Kampf zwischen Leben und Tod dann, wenn der Kranke mit letzter Kraft beschließt, leben zu wollen, und seine ganze Energie darauf konzentriert. So mahnt auch die Fünfundsechzig, die Lebensenergien zu sammeln und das eigene Leben bewußt zu gestalten.

Ganz allgemein verweist die Fünfundsechzig im Orakel auf den glücklichen Ausgang einer Krise, sei sie gesundheitlicher oder anderer Natur. Dies heißt jedoch nicht, daß sich die Dinge auf wundersame Weise ohne eigenes Zutun in Wohlgefallen auflösen. Die Genesung von einer schweren Krankheit ist immer ein Prozeß, der dem Kranken einige Anstrengung abverlangt. Der Weg ist gewiesen, gehen muß man ihn selbst.

Die Fünfundsechzig warnt davor, die eigenen Kräfte zu überschätzen. Wie eine Genesung in kleinen Schritten vor sich geht, so lassen sich auch andere Krisen selten mit einem Schlag lösen. Wer es versteht, seine Kräfte einzuteilen, der wird sein Ziel erreichen. Es gilt, die Balance zwischen Stillstand und unüberlegter Hast zu finden. Die Fünfundsechzig zeigt an, daß man nun dafür bereit ist.

66
Sechsundsechzig

Mit der Sechsundsechzig ist der Begriff »Insel« verbunden. In der westlichen Vorstellung ist eine Insel meist die einsame Insel des Robinson, also ein Sinnbild für das Ausgestoßensein aus der sogenannten zivilisierten Welt, für die vollständige Isolation. Anders im alten Pars. Dort steht die Insel für Unabhängigkeit und Selbständigkeit, zwei durchaus positiv besetzte Begriffe.

Die Sechsundsechzig setzt sich zusammen aus der doppelten Sechs. Schon eine einzelne Sechs weist auf Häuslichkeit, Ruhe und Frieden hin. Verdoppelt verstärkt sich ihr Einfluß. Zweimal die Sechs, das bedeutet, daß man seinen Platz auf dieser Welt gefunden hat. Die Quersumme drei steht für die Aufhebung der Gegensätze, auch für Heiterkeit. Allgemein ist sie eine Glückszahl, und dies gilt um so mehr in der Kombination mit der Doppelsechs.

Die Sechsundsechzig im Orakel hat eine durchweg positive Bedeutung. Wie die Insel im alten Pars als ein Ort des seligen Glücks gilt, dem Paradies der westlichen Vorstellung nicht unähnlich, so gilt die Sechsundsechzig als ein Zeichen dafür, daß der Fragende in eine glückliche Phase seines Lebens eingetreten ist.

Viele seiner Wünsche werden in Erfüllung gehen. Das ist keine Zauberei, sondern beruht darauf, daß unter dem Einfluß der Sechsundsechzig das Selbstvertrauen wächst. Und wer sich seiner Sache sicher ist, der gewinnt eine Ausstrahlung, die ihn befähigt, auch andere zu überzeugen.

Da die Insel in der persischen Vorstellung nicht für Isolation steht, sondern der Ort ist, an dem die Gesetze der unerbittlich dahineilenden Zeit außer Kraft gesetzt werden, ist eine von der Sechsundsechzig bestimmte Phase günstig für zwischenmenschliche Beziehungen. Freundschaften wollen gepflegt sein; man kann seinen Freunden nichts Kostbareres schenken als seine Zeit. Nun hat man weniger als sonst das Gefühl, daß einem die Zeit zwischen den Händen zerrinnt.

Eine Warnung sei ausgesprochen. Wie bei jeder anderen Orakelzahl währt auch der Einfluß der Sechsundsechzig nicht ewig. Man kann sich getrost auf eine von Glück und Anerkennung erfüllte Zeit freuen, man sollte aber nicht vergessen, daß diese Phase irgendwann unweigerlich vorbei sein wird. Wer lernt, die Dinge im Leben zu nehmen, wie sie kommen, der kann auch aus den weniger glücklichen Momenten das Beste machen.

67
Siebenundsechzig

Mit der Siebenundsechzig verbindet sich der Begriff »Dunkelheit«. Zunächst mag man damit Angst, Unsicherheit oder Gefahr verbinden. Bei näherer Betrachtung zeigt sich jedoch, daß Dunkelheit auch Schlaf, Traum, Ruhe und Geborgenheit bedeutet. Licht und Dunkelheit gehören untrennbar zusammen. Gäbe es keine Nacht, wäre uns der Tag, das Sonnenlicht viel weniger kostbar, ja, wahrscheinlich sogar eine Last.

Die Siebenundsechzig setzt sich zusammen aus der Sechs, die hier für den geschlossenen Raum steht. Zu ihr gesellt sich die Sieben, die auf Weisheit und intuitives Wissen hindeutet. Beide zusammen bilden als Quersumme die Vier, der zwar einerseits ein Beigeschmack von Schwermut anhaftet, die andererseits für Besinnlichkeit steht.

Die Siebenundsechzig weist als Orakelzahl auf eine Zeit der Ruhe hin. Der Fragende soll angeregt werden, in sich zu gehen, um Kraft für kommende Aufgaben zu sammeln. Vielleicht ist eine erlittene Niederlage zu verdauen, vielleicht muß Klarheit über den weiteren Weg gewonnen werden. Es gibt viele Anlässe, sich für eine Weile aus dem aktiven Geschehen zurückzuziehen und sich darauf zu besinnen, was einem wirklich wichtig ist. Ohne diese Phasen des Auftankens wäre man schnell ausgebrannt, leer und verbraucht. Wie Tag und Nacht einander abwechseln, so müssen Betriebsamkeit und Ruhe in einem ausgewogenen Verhältnis zueinander stehen. Der Wechsel ist wichtig.

Dunkelheit ist nur zu ertragen, wenn man weiß, daß es wieder hell wird. Deshalb hat auch die Wintersonnenwende im alten Pars eine Bedeutung, die ihr in der modernen westlichen Gesellschaft abhanden gekommen ist. In der dunkelsten Nacht des Winters wird an den kommenden Frühling erinnert. Ähnlich ist es mit dem Orakel. Die Siebenundsechzig erinnert daran, daß Phasen der Dunkelheit unvermeidlich sind, aber sie weist auch darauf hin, daß sie nicht ewig dauern. Wenn die Lage am ausweglosesten erscheint, glimmt irgendwo ein Licht auf, das uns den Weg wiederfinden läßt.

Man beobachte sich genau: Hat man Angst vor der Dunkelheit? Oder hat man sich schon so aus der Welt zurückgezogen, daß man Zuflucht sucht in ihrem Schutz? Beide Haltungen sind gefährlich. Sie zu überdenken, dazu regt die Siebenundsechzig an.

68
Achtundsechzig

Mit der Achtundsechzig ist das Symbol der »Quelle« verbunden. Eine Quelle steht am Anfang jedes Flusses. Ob er später ein reißender Strom wird oder schon nach wenigen Kilometern wieder versiegt, läßt sich an der Quelle noch nicht vorhersagen. Quellen als Wasser- und damit Lebensspender standen immer unter dem besonderen Schutz der Gottheit, so auch im alten Pars.

Die Achtundsechzig ist zusammengesetzt aus der Sechs, die hier vor allem körperliches Wohlergehen bedeutet, und der Acht, die Kraft und ewige Wiederholung symbolisiert. Die Fünf als Quersumme drückt Lebendigkeit und Sinnlichkeit aus. Die Achtundsechzig weist sowohl auf die Lebensnotwendigkeit des Wassers als auch auf die Lebhaftigkeit hin, mit der es aus der Quelle sprudelt.

Die Achtundsechzig ist eine der Zahlen im Orakel, die dazu anregen sollen, die gesamte Lebenssituation zu überdenken. Je genauer man in sich hineinhorcht, desto mehr Anregungen wird man aus dem Orakel beziehen. Man sollte sich die Zeit nehmen, über die Zahl als Ganzes und den ihr zugeordneten Begriff ebenso zu meditieren wie über ihre einzelnen Bestandteile. Je freieren Lauf man seinen Gedanken läßt, desto anregender werden die Assoziationen sein, die sich einstellen. Je nachdem, in welcher Situation sich der Fragende befindet, weist die Achtundsechzig im Orakel verschiedene Wege. Immer aber sollte er sich fragen, aus welcher Quelle er seine Lebensenergie schöpft.

Ein guter Weg, das Orakel für sich zu deuten, ist es, das eigene Leben als Fluß zu sehen und sich die entsprechende Quelle dazu vorzustellen. Quellwasser ist nicht immer klar und erfrischend. Es kann auch trübe und bitter sein. Auch kann nicht aus jeder Quelle ein labender Trunk geschöpft werden. In manchen Quellen kann man baden; ihr Wasser hat heilende Kraft. Wie würde man das Wasser des eigenen Lebens beschreiben: kühl, klar und erfrischend oder wärmend und heilend, wohlschmeckend oder bitter?

Die Warnung der Achtundsechzig lautet: Jede Quelle kann getrübt werden oder gar versiegen. Wer sich vorsieht, wer seine Quelle sorgsam in einen Brunnen faßt, wer Verunreinigungen fernhält, dem wird das Wasser lange wohltätig sprudeln. Wer seine Quelle anderen zugänglich macht, wer das Wasser seines Lebens teilt, der kann damit rechnen, daß auch er, wenn er in Not ist, die Hilfe der anderen erhält.

69
Neunundsechzig

Mit der Neunundsechzig ist der Begriff »Weg« verknüpft. Das ist ein unverkennbarer Hinweis auf den eigenen Lebensweg, der eines Tages beendet sein wird. Es ist kein Zufall, daß die Neunundsechzig, die Zahl, die der Siebzig am nächsten ist, mit dem Weg verbunden wird. Wie in vielen anderen Kulturen auch war Siebzig das Alter, mit dem ein Lebensweg an seinem Ende angelangt war. Daß schon die Neunundsechzig darauf hinweist, soll andeuten, daß es nie zu früh ist, über das Ziel des eigenen Lebens nachzudenken.

Die Neunundsechzig setzt sich zusammen aus der Sechs und der Neun, mit denen sich Ruhe, körperliches Wohlergehen, erreichtes Ziel und Lebensweg verbinden lassen. Als Quersumme ergibt sich eine weitere Sechs, die noch einmal auf das körperliche Wohlergehen verweist, das ja eine entscheidende Voraussetzung dafür ist, ob man seinen Lebensweg im Alter als Anstrengung oder als Bereicherung empfindet.

Die Neunundsechzig im Orakel regt nicht nur dazu an, sich das eigene Leben als einen vor einem liegenden Weg vorzustellen und sich zu fragen, was man am Ende erreicht haben will. Sie sollte auch Anlaß sein, darüber nachzudenken, ob einem die eigene Lebenszeit zwischen den Fingern zu zerrinnen droht. Für viele Menschen ist ja der eigene Geburtstag ein zwiespältiges Datum, an dem sie zwar im Mittelpunkt der Aufmerksamkeit stehen (und wer genießt das nicht von Zeit zu Zeit?), an dem ihnen andererseits bewußt wird, daß wieder ein Jahr schneller als erwartet zu Ende gegangen ist. Die Neunundsechzig sollte Anlaß sein, sich erneut vor Augen zu führen, daß unsere Lebenszeit ein kostbares Gut ist.

Auf einen anderen Aspekt der Sechs verweist die doppelte Sechs. Das körperliche Wohlergehen wird mit jedem Jahr wichtiger. Wer in jungen Jahren mit seiner Gesundheit leichtfertig umgegangen ist, der bekommt im Alter die Rechnung präsentiert. Das Orakel weist also ausdrücklich darauf hin, sich Gedanken über die eigene Lebensweise zu machen. Wer von liebgewordenen Lastern, von ungesunden Gewohnheiten nicht lassen kann oder will, sollte sich klar darüber sein, welchen Preis er dafür zu zahlen hat.

Der Begriff »Weg« wirft auch die Frage nach den Weggefährten auf. Mit wem man große Strecken seines Lebens zurücklegt, kann man sich zwar nicht immer aussuchen. Aber man hat durch sein eigenes Verhalten Einfluß darauf, ob der gemeinsam gegangene Weg allen in angenehmer Erinnerung bleiben wird. Hilft man sich gegenseitig, verkürzt man sich lange, öde Passagen mit Gesprächen, teilt man die Wegzehrung, dann wird man als Weggefährte bei anderen beliebt sein. Ist man selbst einmal auf einem schwierigen, steilen Stück des eigenen Weges auf Hilfe angewiesen, wird sie dann sicher gern gewährt.

70
Siebzig

Mit der Siebzig vollendet sich der Kreis der Orakelzahlen der altpersischen Numerologie. Zahlen über siebzig überstiegen das Vorstellungsvermögen der einfachen Leute. Um sie anschaulich zu machen, mußten Zahlen immer mit konkreten Gegenständen oder vertrauten Abläufen in Verbindung gebracht werden. So war ein Reiseziel beispielsweise nicht dreihundert Meilen, sondern vierzehn Tagesritte entfernt. Zahlen über siebzig waren ungebräuchlich. Daß die Siebzig die Schwelle markiert, jenseits derer eine Zahl abstrakt wird, liegt daran, daß die Siebzig einem Menschenalter entsprach. Und diese Lebenszeit – Siebzig war ein gesegnetes Alter – galt auch schon als kaum noch überschaubare Zeitspanne.

Mit der Siebzig verbindet sich der Begriff »Weisheit«. Weisheit wird in fast allen Kulturen traditionell dem Alter zugeschrieben. Weisheit ist etwas, das in langen Jahren erworben werden muß. Es gibt keinen anderen Weg zur Weisheit, als – bisweilen schmerzliche – Erfahrungen zu machen. Manchmal scheint es, als sei man als Kind, am Beginn seines Lebens, im Stand der Unschuld, im Besitz der Weisheit, um sie im Laufe des

Erwachsenwerdens wieder zu verlieren. Nicht jedem gelingt es, sie wiederzuerlangen.

Die Siebzig setzt sich zusammen aus der Sieben, die für sich genommen schon für Weisheit steht, und der Zehn, die die erste Stufe zu einer neuen Ordnung markiert. Beide zusammen symbolisieren in der Siebzig die letzte Phase des irdischen Lebens, dessen Ende nicht schreckt, wenn es ein erfülltes, zu seiner Vollendung gelangtes Leben gewesen ist.

Die Siebzig – die als Orakelzahl eher selten auftauchen dürfte – ist ein Hinweis darauf, daß es dem Fragenden gelingen wird, den Sinn des Lebens für sich zu ergründen. Die Aufgabe ist schwierig, aber der Ratsuchende wird sich ihr am Ende gewachsen zeigen, wenn er aus den Rückschlägen zu lernen bereit ist. Weisheit ist nicht jedermanns Sache. Viele schrecken vor den Anstrengungen zurück, die man auf sich nehmen muß, um sie zu erlangen. Jeder wird ihr aber für Momente zumindest nahekommen, wenn er sich den Fragen, die aus seinem Innersten aufsteigen, stellt und nach einer ehrlichen Antwort sucht. Was nach einem langen Leben bleibt von den materiellen Gütern, die man angehäuft hat, ist armselig im Vergleich zu dem Glück und der tiefen Ruhe, die die Weisheit vermittelt.

Wer die Siebzig im Orakel erhält, der wird unweigerlich beginnen, über die Werte seines Lebens nachzudenken. Die Frage, was man erreichen will und welchen Preis man dafür zu zahlen bereit ist, stellt sich neu. Es kann irritierend sein, feststellen zu müssen, daß das Leben mehr ist, als man bisher geglaubt hat. Von der Siebzig geht die Ruhe aus, die man braucht, wenn man der Geschäftigkeit des Alltags mißtraut.

Wer die Botschaft der Siebzig überhört oder ihr

bewußt aus dem Weg geht, weil sie sein bisheriges Leben in Frage stellt, dem droht Gefahr. Die Siebzig ist eine der wenigen Zahlen, die tatsächlich einen schlechten Einfluß ausüben können, wenn sie vom Fragenden nicht auf angemessene Weise in Betracht gezogen werden. Wer sich gegen die Siebzig sperrt, der wird bald innerlich verhärten. Wer sich ihr öffnet, der findet Zugang zu den Quellen des Lebens.

71–99
Einundsiebzig bis Neunundneunzig

Zahlen über siebzig kommt in der altpersischen Numerologie keine Bedeutung zu. In unserer westlichen Gesellschaft, die den Umgang mit Zahlen, auch mit sehr großen Zahlen, gewöhnt ist, bemißt sich die Bedeutung einer Sache fast ausschließlich an ihrem materiellen Wert. Je mehrstelliger die Zahl, desto besser. Im alten Pars waren Zahlen nur bedeutsam, wenn sie sich am Lebensalter des Menschen orientierten. Wenige Menschen erreichten jedoch ein höheres Alter als siebzig Jahre, deshalb ist das altpersische System der Numerologie mit der Siebzig abgeschlossen.

Wer das Linsenorakel befragt und auf eine höhere Zahl als Siebzig kommt, sollte die Linsen noch einmal in die Hand nehmen und überprüfen, ob es sich wirklich »richtig« anfühlt. Es kommt nicht darauf an, eine hohe Zahl zu erreichen, sondern die »richtige«, das heißt diejenige, die auf die momentane Situation und die Fragen, die man an das Orakel stellen möchte, intuitiv am besten paßt. Wer wiederholt nicht zu deutende Zahlen herausgreift, der hat die richtige Einstellung zum Orakel noch nicht gefunden. Oder er stellt Fragen, die das Orakel nicht beantworten kann ...

Anhang

Das Linsenorakel

Verwenden Sie Linsen, die sich angenehm anfühlen. Da man die Orakelzahlen nicht durch komplizierte Rechenoperationen, sondern durch einfaches, intuitives Abwägen gewinnt, ist es wichtig, daß die Linsen sozusagen »gut in der Hand liegen«. Sie brauchen keine große Menge. Es kommt zwar nicht darauf an, ins volle zu greifen, doch sollten Sie genügend Linsen haben, um einige wieder zwischen den Fingern hindurchgleiten zu lassen.

Sie greifen sich aus einem Topf eine Handvoll Linsen und lassen sich dabei die Frage, die Sie an das Orakel stellen möchten, noch einmal durch den Kopf gehen. Wenn man keine konkrete Frage hat, sondern einfach eine Anregung haben möchte, ist das kein Hindernis, im Gegenteil, dies fördert die Offenheit, mit der man an die Sache herangeht.

Glauben Sie, die »richtige« Menge Linsen in der Hand zu haben, legen Sie sie vor sich aus und zählen ab, wie viele es sind. Unter der entsprechenden Zahl lesen Sie die Antwort nach. Sollten Sie mit der Antwort gar nichts anfangen können, haben Sie drei Möglichkeiten, dem Orakel ein wenig nachzuhelfen:

1. Man errechnet, ob die erhaltene Anzahl ohne Rest zu dividieren ist (zum Beispiel 35 : 5 = 7), und liest bei den so ermittelten Grundzahlen (hier: Fünf und Sieben) nach.

2. Wenn die Zahl nicht ohne Rest teilbar ist, zieht man bei zweistelligen Zahlen die kleinere von der größe-

ren ab (bei 37 zum Beispiel: 7 − 3 = 4) und schlägt für die Deutung unter dem Ergebnis dieser Subtraktion nach (hier: die Vier).

3. Hat man eine einstellige Zahl gezogen, bei der die oben erläuterten Vorgehensweisen nicht anwendbar sind, kann man noch einmal in den Linsentopf greifen. Man ermittelt die Zahl der jetzt neugegriffenen Linsen und subtrahiert die kleinere Menge der ersten Ziehung von der größeren Menge (zum Beispiel: 17 − 5 = 12), um einen neuen Zahlenwert zu finden (hier: die Zwölf).

Sie dürfen jedoch nicht so lange mit den Linsen herumrechnen, bis Sie Zahlen erhalten, deren Bedeutung die eigene vorgefaßte Meinung, die Sie sich zu einem Problem gebildet haben, bestätigt. Es geht ja gerade darum, neue und vielleicht auch ganz überraschende Ansichten zu gewinnen. Wer sich dem durch Manipulation entziehen zu können glaubt, der sollte von vornherein die Finger von dieser Art, das Orakel zu befragen, lassen.

Wer die Linsen zu einem bestimmten Datum, beispielsweise zu einem Geburtstag, befragen will, der kann eine andere Operation ausführen. Er greift sich zuerst wieder mit intuitivem Gespür eine Handvoll Linsen und zieht dann von dem Linsenhaufen die Anzahl der Lebensjahre ab (wenn es mehr Linsen als Jahre sind), oder er zählt sie dazu (wenn es weniger Linsen als Jahre sind) und schaut unter den so gewonnenen Zahlen nach. Sollten diese größer sein als Siebzig, ist allein die Zahl der Linsen maßgeblich, die man ursprünglich gegriffen hatte.

Obwohl im alten Pars das genaue Geburtsdatum eines Menschen kaum je bekannt war und ihm keine besondere Bedeutung zukam, kann es für den westlichen Menschen reizvoll sein, die Quersumme seines Geburtsdatums zu ermitteln. Dabei zählen nur der Tag und der Monat, nicht aber das Jahr. Unter der so gefundenen Zahl zwischen Eins und Zehn (die in der altpersischen Numerologie nicht zur Eins reduziert wird) kann man nachlesen, von welchen Zahlenaspekten man sein ganzes Leben lang begleitet wird.

Wichtig am Zahlenorakel ist nicht so sehr die strikte Befolgung von Regeln. Wie eingangs erwähnt, soll das Linsensehen den Fragenden auf neue Gedanken bringen. Es ist viel sinnvoller, sich von den Erklärungen zu den einzelnen Zahlen inspirieren zu lassen, als sich zu sehr an den Wortlaut zu klammern.

Wenn damit dieses Buch seinen westlichen Leserinnen und Lesern eine neue Art des intuitiven Zugangs zu alten Problemen oder eine neue Sichtweise vermittelt hat, dann hat es seinen Zweck erfüllt.

Literaturverzeichnis

Quellennachweise

Bei den hier genannten Büchern handelt es sich fast ohne Ausnahme um ältere Werke in persischer Sprache (Farsi):

FERDOUSI: *Das Buch der Könige*. Teheran 1926.
HAFIS: *Divan*. Shiraz 1947.
NIZAMI: *Khamseh*. Teheran 1922.
RUMI: *Mathnawi*. Isfahan 1966.
SA'DI: *Golestān* (Der Rosengarten). Teheran 1937.
TAHER: *Von einigen Wundern dieser Welt*. Teheran 1956.
OBEID ZAKANI: *Zahlenzauber*. Teheran 1967.

Weiterführende Literatur

CYRIL ASKENAZY: *Magic and Numbers*. New York 1977.
CHEIRO: *Das Buch der Zahlen*. 8. Aufl. Hermann Bauer Verlag, Freiburg 1990.
FRANZ C. ENDRES: *Mystik und Magie der Zahlen*. Verlag Rascher, Zürich 1966.
A. T. S. ESFARDIANY: *How to Reckon the Invisible*. London 1953.
DAVID FEINSTEIN, STANLEY KRIPPNER: *Persönliche Mythologie*. Sphinx Verlag, Basel 1989.
MANFRED KYBER: *Einführung in das Gesamtgebiet des Okkultismus*. Eugen Diederichs Verlag, München 1990.

Literaturverzeichnis

LUDWIG PANETH: *Zahlensymbolik im Unbewußten.* Verlag Rascher, Zürich 1964.

OTTO PROKOP, WOLFGANG WIMMER: *Der moderne Okkultismus.* 2. Aufl. Gustav Fischer Verlag, Stuttgart 1987.

MARGARETHE RIEMENSCHNEIDER: *Von 0 bis 1001.* Verlag Heimeran, München 1966.

ARMAN SAHIHI: *Altpersische Traumsymbole.* 333 Zeichen und ihre Deutungen. Ariston Verlag, Genf/München 1989.

ARMAN SAHIHI: *Das neue Lexikon der Astrologie.* 1400 Begriffe der Kosmologie, Astronomie, Astrophysik und Astrologie. Ariston Verlag, Genf/München 1991.

JULES SILVER: *Numerologie.* Ihre Glückszahlen – Eine Kabbala des 20. Jahrhunderts. Ariston Verlag, Genf/München 1989.

SACHBÜCHER AKTUELLER ESOTERIK

DAS SETH-MATERIAL – EIN STANDARDWERK ESOTERISCHEN WISSENS
Von Jane Roberts

Das Seth-Material, das erste von Jane Roberts' »Seth-Büchern«, zeigt den Weg auf, den eine Intellektuelle über Ärzte, Psychologen und Parapsychologen bis zur freien Entfaltung ihrer psychischen Gaben und deren Anerkennung ging. R. van Over, Professor für Parapsychologie an der New York University, erklärte: »Seth ist die Trancepersönlichkeit einer zuhöchst ASW-begabten Sensitiven.« Und das US »Library Journal« schrieb: »Seth vermittelt faszinierende Wissenserfahrung und philosophische Erkenntnis ... höchst lesenswert.« Dieses Buch ist eine Fundgrube esoterischen Wissens und innerer Erfahrung über Gesundheit und Krankheit, über Bewußtsein, Träume, die Seele, die multidimensionale Persönlichkeit und höherdimensionale Wirklichkeiten. 448 Seiten, geb., ISBN 3-7205-1339-4.

DER SCHLAFENDE PROPHET PROPHEZEIUNGEN IN TRANCE 1911 BIS 1998
Von Jess Stearn

Über Tausende von Meilen diagnostizierte der »Mann mit den Röntgenaugen« Krankheiten und brachte Kranken gerade dort Genesung, wo der Kunst der Schulmedizin Grenzen gesetzt waren. Unerhört und unfaßbar, wie dieses parapsychische Phänomen geologische, wirtschaftliche und politische Veränderungen aufspürte, die sich erst Jahre nach seinem Tod verwirklichten. Die Konfrontation seiner Prognosen mit wissenschaftlichen und den bereits feststehenden Fakten zeigt, daß die von ihm angekündigten Umwälzungen, soweit sie nicht bereits eingetroffen sind, jederzeit stattfinden können. 301 Seiten, geb., ISBN 3-7205-1041-7.

DIE 17 LEBEN DES EDGAR CAYCE ABSCHIED UND WIEDERKEHR DES »SCHLAFENDEN PROPHETEN«
Von W. Howard Church

W. Howard Church eröffnet mit seinem Werk eine völlig neue, nämlich geistighistorische Dimension: Er wertet Cayces weitverstreute Aussagen über seine vergangenen und künftigen Leben systematisch aus und entwirft ein faszinierendes Gesamtbild. Sie erfahren nicht nur, welche tief im Unterbewußtsein verankerten Erfahrungen aus früheren Leben Edgar Cayce beeinflußten, sondern erkennen auch in einem Ausblick in die Zukunft Umwälzungen von gewaltigem Ausmaß. 232 Seiten, geb., ISBN 3-7205-1485-4.

ARISTON VERLAG · GENF/MÜNCHEN
CH-1211 GENF 6 · POSTFACH 176 · TEL. 022/786 18 10 · FAX 022/786 18 95
D-8000 MÜNCHEN 70 · BOSCHETSRIEDER STRASSE 12 · TEL. 089/724 10 34

SACHBÜCHER AKTUELLER ESOTERIK

LIEBE IST MEHR ALS EIN GEFÜHL
PARTNERSCHAFT, SEXUALITÄT, SPIRITUALITÄT
Von Safi Nidiaye

Ein neues und von herkömmlichen Vorurteilen befreites Verständnis der Liebe und aller Aspekte der Sexualität vermittelt Safi Nidiaye, die zuhöchst sensitive Autorin. Aufgrund ihres intuitiven Wissens übermittelt sie uns faszinierende Trancebotschaften über Liebe, Freiheit, Heterosexualität, Homosexualität, Promiskuität usw. Die Schranken psychologischen Denkens und eingewurzelter Wertschablonen werden in diesem Buch überschritten, das ein Hohelied auf die Liebe in Freiheit ist und seinen Wert in Ratschlägen hat, damit »jeder Tag ein Fest sein kann.« 240 Seiten, geb., ISBN 3-7205-1621-0.

TAROT DER LIEBE – MIT NEUEN KARTEN FÜR POSITIVE LÖSUNGEN IN PARTNERSCHAFT UND FREUNDSCHAFT
Von Wulfing von Rohr und Gayan S. Winter

Neu an diesem Tarot sind nicht nur die neukreierten schönen Karten, die dem Buch beigefügt sind, sondern auch Thematik und Deutung. Zum erstenmal stehen in einem Tarotbuch Liebe, Partnerschaft, Familie, Freundschaft im Mittelpunkt. Jede Tarotkarte verweist auf eine Chance oder Lösung unter Partnern. Es geht um klare psychologische Zusammenhänge, die für den Alltagsgebrauch Geltung haben. Einfach in der Systematik, aufbauend in der Deutung und leicht auch für jeden Laien erlernbar, kann sich diesen Tarot jedermann zunutze machen. 216 Seiten, 22 Abbildungen und 23 Tarotkarten, geb., ISBN 3-7205-1553-3.

DAS NEUE ZEITALTER
AUTHENTISCHE VISIONEN DES EDGAR CAYCE
Von Mary Ellen Carter

Seinerzeit unglaublich anmutende Umwälzungen hat ein Mann prognostiziert, der 1945 starb: Edgar Cayce. Dieses Buch stützt sich auf Aussagen, die er in Trance machte. Er spürte uralte Kulturen auf und hatte die Zukunft vor Augen. Schon Wirklichkeit geworden sind seine Vorhersagen der Rassenunruhen in den USA, der Welternährungskrise und der Aussöhnung der USA mit Sowjetrußland. Der große Seher und »Vater des Neuen Zeitalters« (des Wassermanns) hat dieses – im Unterschied zu den Rufern apokalyptischen Untergangs – als ein Friedenszeitalter sozialen Ausgleichs, wirtschaftlichen Aufschwungs und einer neuen Brüderlichkeit unter Menschen und Völkern prognostiziert. 212 Seiten, geb., ISBN 3-7205-1066-2.

DIESE FASZINIERENDEN BÜCHER ERHALTEN SIE IM BUCHHANDEL

Ein umfangreiches, farbiges Bücher-Magazin mit sämtlichen Titeln unseres auf Medizin, angewandte Psychologie und Esoterik spezialisierten Verlagsprogramms können Sie gratis anfordern bei

ARISTON VERLAG · GENF/MÜNCHEN
CH-1211 GENF 6 · POSTFACH 176 · TEL. 022/786 18 10 · FAX 022/786 18 95
D-8000 MÜNCHEN 70 · BOSCHETSRIEDER STRASSE 12 · TEL. 089/724 10 34